novum pro

Karin Klein

… immer diese Gedanken

novum pro

www.novumverlag.com

Bibliografische Information
der Deutschen Nationalbibliothek:

Die Deutsche Nationalbibliothek
verzeichnet diese Publikation in
der Deutschen Nationalbibliografie.
Detaillierte bibliografische Daten
sind im Internet über
http://www.d-nb.de abrufbar.

Alle Rechte der Verbreitung,
auch durch Film, Funk und Fernsehen,
fotomechanische Wiedergabe,
Tonträger, elektronische Datenträger
und auszugsweisen Nachdruck,
sind vorbehalten.

© 2016 novum Verlag

ISBN 978-3-95840-080-1
Lektorat: Dr. phil. Ursula Schneider
Umschlagfoto: Bartkowski |
Dreamstime.com
Umschlaggestaltung, Layout & Satz:
novum Verlag

Gedruckt in der Europäischen Union
auf umweltfreundlichem, chlor- und
säurefrei gebleichtem Papier.

www.novumverlag.com

Für meine Familie

Vorwort

Dieses Buch entstand, nachdem ich wegen einer tiefen Lebenskrise ganz unten gelandet war und mir endlich klar wurde, dass es so nicht mehr weitergehen konnte.

Dieser Zeitpunkt war vor etwa zwölf Jahren. Seitdem hat sich sehr viel in meinem Leben geändert, dafür bin ich zutiefst dankbar. Vor allem über die Erkenntnis, dass ich selbst über die Kraft verfüge, um mich da wieder herauszuziehen.

Im Laufe dieser Zeit kristallisierte sich dabei auch der tiefe Wunsch heraus, all meine Erfahrungen mit anderen Menschen zu teilen.

Die Vision, ein Buch zu schreiben, hatte ich schon viel früher, doch damals war es nicht dazu gekommen.

Spätere Versuche scheiterten daran, dass ich keine richtige Idee fand, die mich überzeugen konnte, also legte ich meinen Plan auf Eis.

Doch nachdem ich den Weg zu mir selbst gefunden hatte, indem ich mich meinem Innersten zuwandte und allmählich erkannte, welche Lasten ich mit mir herumschleppte, meldete sich diese Idee immer öfter. Anfangs verdrängte ich sie, weil ich mir sagte, darin hast du doch keinerlei Erfahrung, überlasse das denen, die was davon verstehen.

Doch sie ließ einfach nicht locker, bis mich ein Gedankenblitz ereilte, der mich endlich veranlasste, meinen Widerstand aufzugeben.

Ich begann einfach drauflozuschreiben und während des Schreibens machte ich noch eine weitere Entdeckung. Mein Leben fühlte sich deshalb so leer und trostlos an, weil ich glaubte, nichts daran ändern zu können und dem Schicksal hilflos ausgeliefert zu sein.

Bis ich schließlich erkennen musste, dass dies eine große Lüge ist, denn ich kann mein Leben immer ändern, auch wenn ich noch so alt bin.

Nachdem ich meinem Mann das Manuskript dieses Buches zu lesen gegeben hatte, war seine erste Reaktion, das sei doch gar kein richtiges Buch.

Obwohl ich für einen kurzen Moment enttäuscht von ihm war, musste ich ihm schließlich recht geben. Es ist kein Buch, das man lesen und dann wieder vergessen sollte, denn jede kurze Episode ist die Wirklichkeit, wie ich sie erlebte, es waren meine Gedanken, meine Gefühle, meine Glaubenssätze und nichts ist lehrreicher als sie.

Jede andere, erfundene Geschichte hätte nicht annähernd das wiedergeben können, was in mir war. Ich wollte authentisch sein und das konnte ich nur, wenn ich offen über mich selbst, über meine Ängste und meine Minderwertigkeitsgefühle schrieb, so, wie ich es jetzt getan habe.

Mehr als einmal versuchten sie, wieder die Oberhand über mich zurückzugewinnen, doch es gelang ihnen nicht mehr, denn sonst wäre dieses Buch nie entstanden.

Ich war bereit dazu, all diesen verdrängten, alten Schmerz noch einmal ganz bewusst zu erleben, und erhielt damit den Schlüssel für mein persönliches Glück, weil er mir den Weg dorthin gewiesen hat.

Deshalb wünsche ich mir von ganzem Herzen, dass Ihnen mein Buch nicht nur als Wegweiser dienen kann auf dem Weg in ein glückliches, erfülltes Leben, sondern auch den Weg in die Herzen seiner Leser und damit seine Bestimmung findet.

Kapitel 1
Mein Leben mit meinen stressigen Gedanken

„Nichts ist kraftvoller als eine Idee, deren Zeit gekommen ist."

Diesen Spruch las ich vor längerer Zeit in einer Zeitschrift. Doch von der ersten Idee bis zu ihrer richtigen Zeit sollten mehr als fünfzig Jahre vergehen.

Denn so lange dauerte es, bis dieses Buch das Licht der Welt erblicken sollte.

Ich war damals in der 7. Klasse, als ich das erste Mal die Idee hatte, ein Buch zu schreiben. Bücher waren, seitdem ich lesen konnte, meine große Leidenschaft. Einen Fernsehapparat besaßen meine Eltern nicht und so holte ich mir stapelweise Bücher aus der Bibliothek, um sie sofort zu verschlingen. Sehr zum Leidwesen meiner Eltern, die mich nur mit Mühe dazu brachten, auch mal im Haushalt zu helfen.

Das war allerdings, bevor meine Mutter mit dreiundvierzig Jahren noch einmal schwanger wurde und Zwillinge bekam. Da war es mit dem Lesen vorbei, von nun an musste ich die Rolle einer Mutter übernehmen und das mit zwölf Jahren.

In unserer Schule gab es nur eine Klasse, die wild und unangepasst war und viel Blödsinn im Kopf hatte, das waren wir, die 7 c.

Hauptsächlich die Jungen heckten die Streiche aus, manche Mädchen machten mit, andere nicht. Zu den Letzteren zählte ich. Ich war eher introvertiert, zog mich lieber zurück und hatte deswegen nicht viele Freunde. Vielleicht hielten mich manche deshalb für eine Streberin, die nie ihre eigene Meinung vertrat und nur das tat, was von ihr verlangt wurde.

Ich war sehr schüchtern und angepasst, litt jedoch darunter, mich wie eine Außenseiterin zu fühlen.

Doch wie gesagt, unsere Klasse war berühmt berüchtigt an unserer Schule. Sobald irgendetwas vorgefallen war, hieß es gleich, das kann nur die 7c gewesen sein.

Da kam mir zum ersten Mal die Idee, ein Buch zu schreiben mit dem Titel „... immer die 7c".

Nach ein paar Seiten verwarf ich die Idee wieder. Warum, wusste ich damals nicht.

Heute weiß ich es, die Zeit war einfach noch nicht reif dafür und so musste mein Buch weit über fünfzig Jahre in den Tiefen meines Unterbewusstseins schlummern, um jetzt auf die Welt zu kommen.

Jedoch nicht wie geplant über meine damalige Klasse, sondern darüber, welch gravierende Folgen ungeprüfte Gedanken auf mein Leben hatten.

Bis zur 8. Klasse hatte ich mit dem Lernen kein Problem, ich zählte mit zu den Besten der Klasse, das Lernen fiel mir einfach leicht.

Doch dann kam der Tag, der alles verändern sollte.

Ich entschied mich, ab der 9. Klasse mein Abitur in Jena zu machen.

So richtig wusste ich nicht, warum ich mich dazu entschlossen hatte, denn meine Lust hielt sich in Grenzen.

Niemand drängte mich, weder meine Eltern noch die Lehrer. Mein Traum war es, zur See zu fahren, fremde Länder kennenzulernen, etwas, was den meisten Menschen in der damaligen DDR verwehrt blieb.

Jedenfalls wurde mein neuer Lebensabschnitt in Jena auf der EOS (erweiterte Oberschule) zum Desaster.

Meine schulischen Leistungen sanken rapide, ich verstand einfach nichts mehr von dem, was mir die Lehrer erzählten, es rauschte alles wie aus weiter Ferne an mir vorbei. Es war plötzlich so, als ob ich ein anderer Mensch geworden wäre. Statt Einsen und Zweien hagelte es Vieren und Fünfen (eine Sechs gab es da noch nicht). Die Schule wurde für mich ein Ort des Schreckens, dem ich lieber heute als morgen den Rücken kehren wollte. Mein Selbstwertgefühl sank auf den Nullpunkt. Ich kam mir vor wie ein Nichts, wie ein totaler Versager.

So kam es, wie es kommen musste, in der 11. Klasse wurde ich nicht versetzt. Ich, die einst mit zu den Besten zählte, war so tief gefallen, tiefer ging es nicht.

Trotz aller Schmach, die ich empfand, war es eine Befreiung für mich.

Neben dem Abitur hatten wir eine Berufsausbildung, ich lernte nebenbei Kellnern und begann natürlich damit, meinen Traum zu verwirklichen, zur See zu fahren.

Aber es sollte nicht irgendein Schiff sein, sondern ein großes, weißes. So, wie ich es in meinen Träumen vor meinen inneren Augen schon unzählige Male gesehen hatte.

Ich bewarb mich bei der Deutschen Seereederei in Rostock und wurde auch angenommen, obwohl ich Westverwandtschaft hatte.

Ich konnte es kaum fassen, mein großer Traum war Wirklichkeit geworden und nicht nur das, es war ein großes, weißes Schiff, die „Völkerfreundschaft", das größte Passagierschiff in der damaligen DDR.

Nach einem Lehrgang in Rostock, der uns auf das Leben an Bord vorbereiten sollte, war es endlich so weit.

Wir stachen im September 1969 in See, mit mir als Stewardess an Bord.

Die ersten Monate liefen wir nur die sozialistischen Staaten wie Polen und die Sowjetunion an.

Wir fieberten natürlich alle dem Tag entgegen, an dem wir zum ersten Mal ins kapitalistische Ausland fahren sollten. Das war Südamerika, Venezuela.

Die Reise dauerte 14 Tage und es wurde von Tag zu Tag wärmer.

In der Mannschaftsmesse hing der Adventskranz an der Decke und wir schwitzten.

Doch das Schlimmste war die Seekrankheit, sie hatte mich voll erwischt, als wir durch die Biskaya fuhren. Drei Tage lang konnte ich nichts essen, fühlte mich hundeelend. Doch Krankschreibung? Fehlanzeige.

So quälte ich mich jeden Tag auf Arbeit, konnte die Matrosen nicht verstehen, deren Appetit mit zunehmendem Seegang immer größer zu werden schien, und sehnte den Tag herbei, an dem ich wieder festen Boden unter den Füßen bekommen sollte.

Das war das erste Mal, dass mein Traum so langsam begann, sich als Albtraum zu erweisen.

Doch als wir dann in den Hafen von Caracas einliefen, war alles vergessen.

Am Kai standen junge, dunkelhäutige Männer, die auf einfachen Fässern eine wunderbare Musik machten, die ich nie zuvor gehört hatte und die mir durch und durch ging.

Manche Seeleute, die bereits ein Tonbandgerät besaßen, nahmen das alles auf, doch ich musste ja erst ein paar Devisen (1,50 DM pro Tag) ansparen, um mir so etwas leisten zu können.

Die weiteren Reisen führten uns nach Marokko, Portugal, Las Palmas und Madeira, eine Trauminsel. An den Berghängen rings um Funchal sahen wir eine Blütenpracht, die ihresgleichen suchte.

Abends erstrahlten tausend Lichter in den Bäumen, es war einfach wie im Paradies.

Einmal feierten wir in einer lauen Sommernacht ein Bordfest an Deck – tolle Musik, der sternenklare Himmel über uns und ringsherum die Berghänge von Funchal mit ihren unzähligen Lichtern. Ich fühlte mich so leicht, so unbeschwert, woran der Madeirawein natürlich ebenso seinen Anteil hatte.

Dieser Abend war das Schönste, was ich auf meiner knapp einjährigen Fahrt mit der „Völkerfreundschaft" erlebte.

Doch es gab nicht nur solch wundervolle Erlebnisse.

Wir hatten ja nicht nur DDR-Bürger an Bord, sondern auch Dänen, Schweden und Norweger, wenn wir für Schweden fuhren. Uns wurde eingebläut, es allen recht zu machen, um ja nicht den Unmut dieser Devisen bringenden Passagiere herauszufordern.

Ich fühlte mich oft als Mensch zweiter Klasse, denn auch die Vorgesetzten gingen nicht gerade zimperlich mit uns um. Sie ließen uns spüren, dass wir nichts zu sagen, sondern nur zu funktionieren hatten.

Solange wir für Schweden fuhren, war unser Heimathafen Göteborg.

Als ich nach längerer Krankheit wieder zurück aufs Schiff wollte, musste ich – kaum angekommen – zum Politoffizier.

Der eröffnete mir, dass ich sofort zurück nach Rostock müsse, um dort in einem neu erbauten Seemannshotel auszuhelfen.

Ich musste mein Seefahrtsbuch abgeben und mit dem Postschiff wieder zurück nach Rostock fahren.

Ich spürte, dass jeder Widerstand sinnlos war, und so endete mein Traum vom großen, weißen Schiff nach knapp einem Jahr da, wo er angefangen hatte – in Rostock.

Ich landete in dem neu erbauten Seemannshotel „Haus Sonne", wo man mich in dem Glauben ließ, dass es nur kurzfristig sei und ich bald wieder aufs Meer fahren könne.

Doch aus den paar Monaten wurde fast ein Jahr und ich wurde langsam unsicher, weil sich nichts tat.

Eine Kollegin riet mir, in Rostock zur Staatssicherheit zu gehen. Das tat ich auch, und was ich da erfuhr, öffnete mir schlagartig die Augen.

Man fragte mich, ob ich einen gewissen jungen Mann kennen würde.

Ich bejahte und sofort fielen mir seine Telefongespräche ein, die er mit mir führte, als ich auf hoher See war.

Dieser junge Mann war für die Stasi interessant, denn er hatte schon zwei Mal versucht, über die Grenze in den Westen zu fliehen, und hatte deshalb auch schon im Gefängnis gesessen.

Kurz bevor ich zur See fuhr, hatte ich ihn kennengelernt und kannte seine Vergangenheit.

Er hatte mich überreden wollen, unbedingt im erstbesten Hafen von Bord zu gehen, um mit ihm zusammen im Ausland ein neues Leben anzufangen.

Wie er sich das vorstellte, wusste ich allerdings nicht, denn als ehemaliger Republikflüchtling würde er doch sicher überwacht, wie die Telefongespräche zur „Völkerfreundschaft" dann auch bewiesen.

Doch das kam für mich nicht infrage, weil ich nie daran gedacht hatte abzuhauen. Ich wollte von diesem jungen Mann auch nichts mehr wissen.

Zumindest kannte ich jetzt die Ursache für den Rausschmiss bei der DSR.

Für mich war es recht seltsam, als ich mir anhören musste, „aus Gründen meiner persönlichen Sicherheit im kapitalistischen Ausland" nicht mehr zur See fahren zu dürfen.

Wenn ich wirklich gewollt hätte, dann wäre es doch ein Leichtes gewesen, in Göteborg zu bleiben, als ich wieder nach

Rostock zurück musste. Das sollte einer verstehen, ich jedenfalls nicht.

Es nützte mir auch nichts, als mir gesagt wurde, dass ich nach zwei Jahren mein Seefahrtsbuch wieder neu beantragen könne, denn so richtig glaubte ich nicht mehr daran.

Da saß ich nun in Rostock in einem Seemannshotel und wusste nicht, ob ich lachen oder heulen sollte.

Innerlich hatte ich mich wohl schon damit abgefunden, dass mein Traum von der christlichen Seefahrt zu Ende war. Ich hatte viel von der Welt gesehen und so manch einer von meinen Bekannten beneidete mich, dass ich in der DDR die Freiheit gehabt hatte, an Orte zu reisen, die ihnen verwehrt waren.

Doch jetzt, im Nachhinein, wenn ich mir die Frage stelle, was mich angetrieben hat, mein Glück in der Ferne zu suchen, muss ich mir eingestehen, dass ich nicht das fand, was ich eigentlich suchte.

Ich wollte ein Zuhause, in dem es nicht nur Hass und Streit gab, wo ich mich geliebt und geborgen fühlte, wo das Leben leicht und fröhlich war und ich nicht länger unter meinen Schuldgefühlen zu zerbrechen drohte, weil ich mich für alles Leid in meiner Familie verantwortlich machte.

Ich war ja ein Versager, der es nicht schaffte, etwas aus seinem Leben zu machen, der es nicht einmal schaffte, die Menschen, die er so liebte, glücklich zu machen.

Schon immer hatte ich das Gefühl gehabt, irgendwie nicht richtig zu sein, fühlte mich oft wie ein hilfloses, kleines Kind, auch, als ich schon erwachsen war.

Ich kämpfte gegen dieses Gefühl an, doch es wurde umso stärker und ich fühlte mich noch schlechter.

Statt mich diesen Gefühlen zu stellen, wollte ich sie nur verdrängen, es konnte doch nicht sein, ich war eine erwachsene Frau und kein kleines Kind mehr.

Mit meiner Sehnsucht nach der Ferne glaubte ich, diesem Gefühl der Wertlosigkeit zu entrinnen.

Endlich schaffte ich etwas, konnte allen zeigen, was ich draufhatte.

Doch das war ein großer Irrtum. Seinen Gefühlen kann man nicht entfliehen, man kann sie für eine gewisse Zeit unterdrücken, doch irgendwann holen sie dich mit noch größerer Macht ein.

So nahm ich sie mit auf die Reise und sie sollten mich auch viele Jahre meines Lebens begleiten.

Das war mir damals natürlich nicht bewusst und erst viel später sollte ich erfahren, wie sehr diese Gefühle mein Leben bestimmten und wie hilflos ich meinen Gedanken ausgeliefert war.

Jedenfalls glaubte ich, in der Ferne mein Glück zu finden, aber fand es nicht.

Tief in meinem Herzen zog es mich nach Hause zurück, deshalb hatte ich nie auch nur eine Minute daran gedacht, im Westen zu bleiben, denn dann hätte ich nie wieder zurückkehren dürfen.

Und so kam es dann auch.

Als ich im Sommer 1971 für zwei Wochen nach Hause in den Urlaub fuhr, bekam ich die Antwort, wie es für mich weitergehen sollte.

Es war ein heißer Sommertag und ich ging mit meinen kleinen Geschwistern ins Freibad.

Als es anfing zu regnen, verließen wir das Schwimmbecken und ich suchte mit meinen Geschwistern in der Nähe der Umkleidekabinen Schutz vor dem Regen.

Auf einmal sah ich ihn, braun gebrannt, blonde Haare, tiefblaue Augen, muskulöse Arme, und er sah mich lächelnd an – mich graue Maus.

Meine Gefühle fuhren Achterbahn, was für ein Mann! Obwohl es vielleicht nur ein Bruchteil von Sekunden war, in denen ich seine Erscheinung wahrgenommen hatte, glaubte ich umso mehr, diesen Moment für ewig in mir festzuhalten zu müssen, solch ein Feuerwerk an Gefühlen breitete sich in mir aus.

Es kam mir vor, als ob ich all die Jahre nur auf diesen einen Moment gewartet hätte, auf diesen Augenblick, in dem Zeit und Raum verschwanden und es nur diesen einen Moment und nichts anderes gab.

Jetzt, im Nachhinein, glaube ich, dass es dieser Augenblick war, der mich all die Jahre unbewusst begleitet hatte und mir die Kraft gab, immer wieder aufzustehen, auch, als ich schon jede

Hoffnung aufgegeben hatte, eines Tages wieder dahin zurückkehren zu können, von wo wir damals aufgebrochen waren.

Doch daran verschwendete ich zu diesem Zeitpunkt keinen Gedanken, was zählte, war nur dieser eine Moment.

Nach einer gefühlten Ewigkeit meldete sich jedoch mein Verstand wieder zurück und ich versuchte, möglichst cool zu bleiben, als er mich irgendetwas fragte. Was, weiß ich heute nicht mehr, so durcheinander war ich.

Das Einzige, an das ich mich noch erinnere, ist seine Frage, ob wir uns nicht mal treffen könnten.

Ich wollte es nicht glauben, dieser Mann hatte Interesse an mir, aber das konnte nur ein Irrtum sein. Vielleicht suchte er nur ein Abenteuer zwischendurch, aber ernsthaftes Interesse an mir, das glaubte ich einfach nicht.

Er musste fremd dort sein, ich hatte ihn noch nie gesehen.

Natürlich wollte ich ihn wiedersehen und konnte es trotz meiner Zweifel kaum erwarten. Deshalb zwang ich mich auch, möglichst unnahbar zu wirken, obwohl die Gefühle in mir nur so durcheinanderwirbelten.

Wir trafen uns am Abend unter einer Unterführung an der Saale und liefen über die Brücke Richtung Dohlenstein. Es wurde schon dunkel und wir sahen kaum die Hand vor Augen, als wir den Weg zur Himmelswiese gingen. Und so fühlte ich mich auch, dem Himmel so nah, trotz der Dunkelheit.

Als ich wieder nach Rostock zurückfuhr, wusste ich, was ich zu tun hatte.

Ich kündigte und suchte mir eine Arbeit in meinem Heimatort, denn dieser Mann meinte es ernst, ich war nicht nur ein Abenteuer für ihn.

Er stammte aus Merseburg und arbeitete auf Montage. So hatte er für seine Firma im Rothensteiner Felsen gearbeitet und war genau an dem Tag, als ich ins Bad ging, ebenso auf die Idee gekommen, das Kahlaer Freibad zu besuchen.

Das musste wohl so sein, man kann es Schicksal oder auch Fügung nennen.

Dieser Tag jedenfalls hat mein Leben zu einer Achterbahn der Gefühle werden lassen.

Zur anfänglichen Leidenschaft und Verliebtheit gesellten sich so nach und nach bei mir wieder die altbekannten Gefühle von Wertlosigkeit sowie Verlustängste.

Ich war extrem eifersüchtig auf jede Frau, mit der er nur ein paar Worte wechselte, und zweifelte sofort wieder an mir.

Die leise Stimme, die mich daran erinnerte, dass dieser Mann an jeder Hand zehn haben könnte, wurde immer lauter. So passte ich mich ihm nur noch an, ließ Verletzungen stumm über mich ergehen, vor lauter Angst, ihn wieder zu verlieren.

Doch damit entfernte ich mich immer mehr von mir selbst, fragte mich nie, ob ich mit meinem Leben glücklich war.

Meinen Mann erlebte ich als selbstbewusst und kraftvoll, er sollte mir all das geben, was ich nicht besaß. Doch das Gegenteil war der Fall, ich wurde immer unsicherer und zweifelte immer mehr an mir.

Als ich dann schwanger wurde, waren meine anerzogenen, nur auf den guten Ruf bedachten Überzeugungen allerdings stärker.

Zur damaligen Zeit war es undenkbar, in wilder Ehe mit einem Kind zu leben, das durfte nicht sein.

Doch mein Mann wiederum wollte noch nichts von Heirat wissen.

Da tat ich etwas. Woher ich diese Kraft nahm, weiß ich bis heute nicht.

Ich stellte ihn vor die Wahl, entweder Heirat oder es wäre aus mit uns. Heute würde man nur müde darüber lächeln, aber damals war es unvorstellbar, unverheiratet mit Mann und Kind zusammenzuleben.

Ich, die so viel Angst davor hatte, verlassen zu werden, erteilte dem Mann, den ich so liebte, eine Abfuhr.

Vielleicht wollte ich diejenige sein, die verlässt und nicht verlassen wurde. Bewusst war mir das damals nicht, ich hatte nur das Gefühl, über mich hinausgewachsen zu sein.

Auch die Stimme in mir, die mir zuflüsterte: Ich habe es doch gleich gewusst, dass er nur ein Abenteuer sucht, wurde immer lauter. Jetzt, wo es ernst wird, ergreift er die Flucht und lässt dich mit dem Kind allein. Mach endlich Schluss, bevor es für dich zu spät ist, oder brauchst du noch mehr Beweise?

Doch er kehrte zurück und wir heirateten. Damit taten wir das, was damals viele taten, wir „mussten" heiraten.

Auch wenn mein Mann meine große Liebe war, heiratete ich ihn aus einem falschen Grund, nämlich der Leute wegen, und obwohl ich glaubte, dass ich für ihn nur ein Abenteuer sei und er mich nicht wirklich wolle.

So war ich fast mein ganzes Leben lang davon überzeugt, dass mein Mann mich nur geheiratet habe, weil ich ihn dazu gezwungen hatte.

Erst viele Jahre später sollte ich erfahren, dass dies eine Lüge – wie kann es anders sein – meiner Gedanken war.

So lebte ich viele Jahre mit dieser Lüge und genauso falsch fühlte sich im Laufe der Jahre unsere Beziehung an.

Ich erlebte in unserer Ehe genau den gleichen Hass, die Streitereien und Feindseligkeiten, die ich als Kind von meinen Eltern vorgelebt bekam.

Der Schmerz darüber wurde so groß, dass ich manchmal glaubte, daran zerbrechen zu müssen.

Was nur war mit uns geschehen, wo war meine bedingungslose Liebe zu meinem Mann geblieben, was aus meiner überschäumenden Leidenschaft und Hingabe geworden?

Wie konnte ich nur zulassen, dass sich mein Herz immer mehr vor meinem Mann verschloss, so lange, bis nichts mehr hinein- und nichts mehr hinausging?

Darauf fand ich keine Antwort.

Ich spürte nur eines, in unserer Beziehung ging es nun stetig bergab.

Je mehr ich mich dagegen sträubte, je mehr ich mir alles schönreden wollte, umso öfter fragte ich mich, warum haben andere so eine liebevolle Beziehung und nicht ich.

In dieser Phase des Zweifelns wurde ich erneut schwanger. Doch mein Mann wollte das Kind nicht, noch nicht. Er meinte, wir befänden uns mitten im Umbau, wie das gehen solle, er auf Montage und ich mit zwei Kindern, einer kranken Mutter und einem Bruder.

Ich setzte mich gegen seinen Willen durch und bekam das Kind, weil ich es so wollte.

Wieder einmal erzwang ich etwas von meinem Mann und fühlte mich in meinem Glauben bestätigt, er liebe mich nicht, wenn er so etwas von mir verlange.

Doch als ich nach vielen Wochen des Hoffens und Bangens unsere Tochter nach Hause holen konnte, war seine erste Frage, als er nach Hause kam: Wo ist die Kleine?

Sie war viel zu früh zur Welt gekommen und die Ärzte gaben mir wenig Hoffnung, dass sie überleben würde. So winzig klein war sie und wog nicht mal tausend Gramm.

Doch sie war eine Kämpferin und überlebte, die Ärzte sprachen von einem Wunder.

So vergingen die Jahre. Der Gesundheitszustand meiner Mutter verschlechterte sich zusehends, ihre Asthmaanfälle traten nun täglich auf und ich war nur auf dem Sprung, einen Arzt zu holen, denn Telefon hatten wir damals noch nicht.

Diese Luftnot meiner Mutter konnte ich kaum noch ertragen. Es war einfach grausam, täglich mit ansehen zu müssen, wie ein Mensch kaum Luft bekommt. Man glaubt, selbst daran ersticken zu müssen.

Sie magerte immer mehr ab und war nur noch ein Schatten ihrer selbst. Doch genauso schlimm war, dass sich die Beziehung meiner Eltern durch diese Krankheit meiner Mutter noch weiter verschlechterte.

Mein Vater konnte damit einfach nicht umgehen und ging seinen eigenen Weg.

Damals konnte ich ihn nicht verstehen, heute schon. Beide hätten schon viel eher eigene Wege gehen und nicht wegen uns Kindern zusammenbleiben sollen. Aber sie taten es nicht, das war die Realität und sollte auch so sein, wie alles im Leben seinen Sinn hat, den ich damals allerdings nicht erkennen konnte.

Das, was ich erlebte, war für mich die Wirklichkeit. Zwei kleine Kinder, der Mann auf Montage, eine kranke Mutter, einen Bruder, der meine Hilfe brauchte, dazu meine kriselnde Ehe und die meiner Eltern. Das war einfach zu viel, ich hatte oft das Gefühl, alle Lasten meiner Familie tragen zu müssen. Ich bekam fast jede Nacht Angstzustände und unerklärliches Herzrasen. Die Ärzte konnten keine organischen Ursachen feststellen, doch ich war nur noch ein Schatten meiner selbst.

Das Einzige, was mir die Kraft gab weiterzumachen, waren meine Kinder. Für sie wollte ich, musste ich da sein. Doch auch wie damals bei mir gab es oft Streitigkeiten wegen der Kinder. Ich hatte häufig das Gefühl, dass sie mich und meinen Mann trennten und er unsere Kinder benutzte, um mich zu verletzen und mich an meiner empfindlichsten Stelle zu treffen.

Der Gedanke an Scheidung schien mir wie eine Erlösung. Doch wie sollte das gehen, wie sollte ich allein mit zwei Kindern die Kredite abbezahlen, für meine Eltern und meinen Bruder sorgen?

Meine Gedanken drehten sich nur im Kreis und fanden keine Lösung. Ich musste mein Schicksal annehmen, ob ich wollte oder nicht, für mich gab es keinen Ausweg – so glaubte ich jedenfalls damals.

Dann kam die Zeit der Wende und mit ihr neben unbändiger Freude über die Wiedervereinigung auch bald neue Ängste und Sorgen, nämlich Arbeitslosigkeit.

Dieses Wort existierte in meinem Kopf überhaupt nicht, doch in meinem Betrieb wurde ich kurz nach der Wende fast täglich damit konfrontiert. Hunderte von Leuten wurden entlassen und ich erlebte ihre Ängste und Verzweiflung hautnah mit.

Jedes Mal, wenn Entlassungen anstanden, hoffte und betete ich, nicht dabei zu sein, denn auch mein Mann hatte seine Arbeit verloren.

Meine Kinder wurden größer und begannen, ihren eigenen Weg zu gehen.

Die Zeit des Abnabelns meiner Kinder hatte ich nie richtig überwunden, wie es wahrscheinlich vielen Müttern geht. Mein Leben fühlte sich auf einmal so leer und sinnlos an, wie sollte ich ohne sie in einer völlig erstarrten und erkalteten Beziehung weiterleben? Ich wusste es einfach nicht.

Viele Jahre lang waren sie das Wichtigste in meinem Leben gewesen und jetzt ließen sie mich in einer lieblosen, hasserfüllten Beziehung zurück.

Wieder dachte ich an Scheidung und machte sie diesmal wahr, ich reichte sie ein.

Die Verzweiflung stand meinem Mann ins Gesicht geschrieben, als ich ihm die Scheidungsklage überreichte. So hatte ich ihn noch nie gesehen. Gleichzeitig bereute ich meinen Schritt. Ich spürte innerlich, dass ich auch mit einer Scheidung nicht glücklich werden würde. Es kam mir vor, als ob ich damit den Drachen nicht besiegen könnte, der die Tür zu meinem Glück bewachte.

Also zog ich sie nach ein paar Wochen wieder zurück.

Doch die Freude über unsere Versöhnung währte nur kurz. Bald war alles wieder beim Alten und wir entfernten uns immer weiter voneinander, obwohl wir zusammenlebten.

Einmal ging ich mit meinem Enkelkind spazieren und kam am Sportplatz vorbei.

Mein Mann schaute dem Spiel zu, als er sich plötzlich umdrehte und mich erblickte.

In diesem Moment spürte ich eine solche Erschütterung in mir, dass sie mir den Boden unter den Füßen wegzog, denn dieser Blick meines Mannes galt einer Fremden. So viel Kälte und Gleichgültigkeit waren in diesem kurzen Moment zu erkennen, dass ich mir zum ersten Mal so richtig bewusst wurde, was aus unserer Ehe geworden war.

Vielleicht war es dieser Blick, der in mir etwas ins Rollen brachte, ich weiß es nicht genau, doch möglich ist es. Denn kurz darauf fing ich an, mir Bücher über Lebenshilfe zu besorgen.

Mein erstes war ein Buch von Dr. Joseph Murphy über die Macht des Unterbewusstseins.

Mit diesem Buch wurde ich zum ersten Mal damit konfrontiert, welche Macht das Unterbewusstsein auf unser Leben hat.

Ich war total fasziniert und schöpfte zum ersten Mal wieder Hoffnung.

Doch das war nur der Anfang eines sehr beschwerlichen, schmerzhaften Weges und ich begann zu ahnen, welche Lasten ich all die Jahre mit mir herumschleppte und dass all dies in mir an die Oberfläche drängte. Alles, was ich auch in anderen Büchern las, war eine völlig neue Welt, die sich mir auftat.

Mein neues Wissen wollte ich auch mit anderen teilen und stieß dabei natürlich auf massive Ablehnung, vor allem bei meiner Familie. Wahrscheinlich hielten mich alle für durchgeknallt, weil ich sie von meinen Erkenntnissen überzeugen wollte, und es war auch gut so, dass sie das taten, tun mussten.

Erst später wurde mir klar, dass ich gar nicht die Macht habe, irgendeinen Menschen von etwas zu überzeugen, wenn er es nicht will. Es ist einzig und allein die Angelegenheit eines jeden Menschen, an das zu glauben, was er für richtig hält, auch wenn ich erkenne, dass es zu seinem eigenen Schaden ist. Davor kann ihn keiner bewahren, nicht einmal Gott.

Keiner kann einen anderen vor Leid und Schmerz bewahren, denn es ist sein Schmerz und damit seine Angelegenheit, sich seinem Schmerz zu stellen.

Gott hat uns mit einem freien Willen ausgestattet. Damit sollen wir erkennen, dass wir die Wahl haben, uns zu entscheiden für ein Leben, das es wert ist, Leben genannt zu werden, oder für ein Leben, das für einen Menschen unwürdig ist.

Diese Arbeit kann uns niemand abnehmen, dafür ist jeder selbst verantwortlich, nicht meine Familie, nicht mein Chef, nicht die Politik oder irgendjemand anderes.

Über diese Macht verfüge ich ganz allein, weil es ganz allein meine Entscheidung ist, und das ist auch gut so. Damit muss ich mich nicht länger als Opfer fühlen und kann selbst aktiv werden, kann mein Leben in die Hand nehmen und es dahin führen, wo ich hin will, damit ich nicht mehr länger dahin geschoben werde, wo ich nicht hin will. Dazu müssen wir jedoch bereit sein, uns unserem alten Schmerz zu stellen.

Doch wer tut das freiwillig, wer will bewusst noch einmal all diesen Schmerz spüren? Jeder will nur die guten Gefühle, alle negativen verbannen wir tief in unserem Inneren, sie sollen uns nicht länger wehtun.

Doch das ist ein Irrtum. Damit sind sie nicht weg, im Gegenteil, sie drücken von innen, sie wollen endlich wahrgenommen, gefühlt und losgelassen werden.

Deshalb „hilft" uns das Leben auf die Sprünge in Form von negativen Situationen, die immer wieder gleich sind und die uns wütend und hilflos machen, weil sich nichts daran ändert, obwohl wir es wollen. Oder es „hilft" mit Krankheiten, bei denen uns die Ärzte nicht mehr weiterhelfen können.

Je mehr wir uns gegen diese extrem belastenden Situationen wehren, umso stärker werden sie und umso hilfloser, wütender und kraftloser werden wir.

Das geschieht so lange, bis wir endlich munter werden und uns fragen, was will mir diese Situation, was will mir meine Krankheit sagen, was hat das alles mit mir zu tun?

Solange ich jedoch alle anderen für mein Leid verantwortlich mache, kann ich das nicht und vergebe damit die Chance, an meiner Situation etwas zu ändern.

Staut sich das über einen längeren Zeitraum auf, dann steigt irgendwann mein Körper aus, er wird krank und streikt gegen mich selbst, gegen mein Ignorieren der eigentlichen Ursachen, gegen meine eigene Ausbeutung. Er will, dass ich ihm wieder zuhöre, dass ich endlich darauf höre, was mir mein Herz sagen will, was mich wirklich glücklich macht, damit ich nicht mehr länger nur noch funktioniere wie eine Maschine.

Deshalb werden wir krank, weil uns anders nicht mehr zu helfen ist und wir endlich etwas unternehmen sollen.

Doch all diese Erkenntnisse, die ich aus den Lebenshilfebüchern gewann, halfen mir nicht wirklich weiter. Ich spürte zwar die Wahrheit, die sich in ihnen verbarg, doch in meinem äußeren Leben änderte sich nichts, im Gegenteil, alles schien sich noch zu verschlimmern.

Ich war wütend auf meine Familie und auf mich selbst, weil ich stets zur Stelle war, wenn sie mich brauchte. Ich fühlte mich in keiner Weise wertgeschätzt, obwohl ich alles für sie tat und deshalb mit meinem Mann oft aneinandergeriet.

Jetzt, im Nachhinein, wird mir klar, warum es so war. Mit meiner Aufopferung entfernte ich mich immer mehr von mir selbst und damit von unserer Beziehung.

Nach der Geburt unserer Enkelkinder spürte ich nach vielen Jahren zum ersten Mal, wie mein Herz wieder weich wurde. Dieses Gefühl, das ich so lange vermisst hatte, war nicht verloren gegangen, es war noch da, ich konnte wieder lieben und wurde geliebt. Deshalb konnte ich auch nie genug von ihnen bekommen, widmete ihnen jede freie Minute. Doch je mehr ich mich meinen Enkelkindern widmete, umso angespannter wurde das Verhältnis zwischen mir und meinem Mann. Er reagierte immer genervter, sobald sie da waren, und wir stritten uns immer öfter aus diesem Grund.

Meine alte Überzeugung, mein Mann wolle mich nur verletzen und mich damit an meiner empfindlichsten Stelle treffen, meldete sich wieder zurück. Irgendwann hasste ich ihn regelrecht dafür, wie konnte ein Opa nur so herzlos sein? Wenn ich andere Opas sah, wie liebevoll sie sich um ihre Enkelkinder kümmerten, gab es mir jedes Mal einen Stich ins Herz.

Doch es gab auch einige wenige Momente, in denen ich spürte, dass mein Mann nicht nur das herzlose Monster war, wie ich immer glaubte. So kam unser Enkel einmal von hinten auf ihn zu und umarmte ihn spontan. Sein Gesicht erstrahlte, es war ein Leuchten darin zu erkennen, sodass auch mir ganz warm ums Herz wurde. Ich wünschte mir nichts mehr, als dass er auch mich wieder so ansehen könnte.

Doch diese Momente gab es nicht oft und es änderte sich nichts daran, dass mein Mann dichtmachte (das glaubte ich zu diesem Zeitpunkt noch), sobald unsere Enkel da waren. Langsam begann ich zu ahnen, dass hier etwas in die falsche Richtung lief.

Schmerzlich wurde mir bewusst, dass ich nicht mehr diese unbändige Freude empfand, wenn ich mit meinen Enkeln zusammen war. Zu groß wurde der Druck für mich, mich ständig entscheiden und vermitteln zu müssen zwischen meinem Mann und meinen Enkelkindern.

Es konnte einfach so nicht weitergehen, ich selbst wollte auch nicht länger auf Knopfdruck funktionieren. Doch wie sollte das gehen? Ich wollte ja für meine Familie da sein, für meine Enkel, doch nur aus einem einzigen Grund: mit meinem ganzen Herzen und nicht nur aus Pflichtgefühl heraus. Dazu musste ich jedoch über meinen eigenen Schatten springen, gegen meine alte Überzeugung, nur die Mutter sei eine gute Mutter, die sich für ihre Kinder aufopfere, die ihre eigenen Wünsche und Bedürfnisse immer hintanstelle.

Doch ich schaffte es nicht, ich konnte einfach nicht Nein sagen.

Irgendetwas hielt mich an Seilen fest wie eine Marionette, schien über mein Leben zu bestimmen. Doch was war das? Ich fand keine Antwort auf meine Frage.

Als ich dann im Dezember 2013 in Rente ging, fiel ich, wie vielleicht so manch einer, erst mal in ein tiefes Loch. Was sollte ich jetzt mit meiner vielen Freizeit anfangen? Ich wollte meinem Leben einen neuen Sinn geben, doch womit? Ich hatte keinerlei Hobbys außer dem Lesen, doch den ganzen Tag nur lesen?

Auf Arbeit fühlte ich mich wertgeschätzt, kam wunderbar mit meinen Kollegen aus, hatte das Gefühl, etwas zum großen Ganzen beigesteuert zu haben. Ich glaubte, mein Leben habe einen Sinn.

Doch nun war schlagartig alles weg, ich war jetzt Rentnerin.

Ich hatte zwar meine Familie, sie bedeutete mir auch viel, doch irgendwie wollte ich nicht länger nur für sie da sein, ich wollte endlich auch mal an mich denken, meine Wünsche und Bedürfnisse ernst nehmen.

Immer öfter kam mir der Gedanke an meine Idee vor vielen Jahren in den Sinn, ein Buch zu schreiben.

Doch so wie damals schrieb ich ein paar Seiten und verwarf sie wieder.

Dann kamen meine Zweifel und Ängste. Mach dich doch nicht lächerlich, wen soll dein Leben interessieren? Deine Familie wird sich von dir abwenden, wenn du so viele Einblicke in dein Leben gewährst, das geht doch niemanden etwas an.

Doch die Idee konnte ich nicht verscheuchen, immer wieder bahnte sie sich ihren Weg in mein Bewusstsein. Ebenso spürte ich, dass die Zeit noch nicht da war, weil ich einfach keinen richtigen Anfang fand und mich die ersten paar Seiten nicht wirklich überzeugten.

Schließlich stieß ich im Internet erneut auf ein Buch. Es war von Byron Katie und hieß „Lieben was ist".

Dieses Buch brachte die Wende in mein Leben. Ich fand es unglaublich, was diese Frau mit ihrer ebenso einfachen wie genialen Methode da beschrieb.

Nachdem sie vor vielen Jahren selbst an einer schweren Depression erkrankt war, entwickelte sie eine Methode, mit der sich ihr Leben dramatisch veränderte.

Diese Methode nannte sie „The Work".

Sie besteht aus vier Fragen und einer Umkehrung. Der Kern dieser Methode besteht darin, ungeprüfte Glaubenssätze, die man irgendwann für wahr gehalten hatte, infrage zu stellen. Denn diese ungeprüften Gedanken sind dafür verantwortlich, dass unser Leben nicht in die Richtung läuft, in die wir wollen.

Das also war es, was mich wie eine Marionette an unsichtbaren Fäden gefangen hielt und mich durchs Leben navigierte. Meine stressigen Gedanken waren wie Puppenspieler, sie bestimmten, wo ich hinlaufen sollte. Da konnte ich mich noch so bemühen, wie ich wollte, meine ungeprüften Glaubenssätze hatten mich im wahrsten Sinne des Wortes in der Hand. Das Einzige, was ich dazu brauchte, um mich von ihnen zu befreien, waren ein Blatt Papier und ein Stift, dann konnte ich loslegen.

Oftmals war ich von mir selbst entsetzt, was da alles zum Vorschein kam, was für unbewusste Gedanken ich hatte, wie ich mir selbst das Leben schwer machte und dabei nichts von alldem der Wahrheit entsprach.

Ich stellte aber auch fest, dass bei mir nicht alles so funktionierte, wie Katie Byron es in ihrem Buch vorstellte. Ich kam mit dem Blatt, auf dem ich meinen Nächsten beurteilen sollte, nicht zurecht und ließ es einfach weg. Ich fand heraus, was für mich besser war, und so fand ich auch Zugang zu meinen unbewussten Glaubenssätzen und den Weg zu meinem Inneren, dahin, wo ich auf alles eine Antwort bekomme, wo so unendlich viel mehr von uns selbst verborgen liegt, als uns bewusst ist.

Endlich hatte ich etwas gefunden, bei dem ich das Gefühl hatte, jetzt kann ich etwas für mich tun, muss nicht länger das Opfer eines – wie ich glaubte – ungerechten Lebens sein.

Monatelang schrieb ich, was das Zeug hielt. All meine ungeprüften Gedanken und Glaubenssätze, die ich verdrängt hatte, holte ich mir damit ins Bewusstsein und begann, sie zu überprüfen.

Doch die Veränderungen in meinem Leben kamen nicht sofort, wie ich auch bald feststellen musste.

Zu einem Thema hatte ich oftmals mehrere verschiedene Glaubenssätze, deshalb änderte sich nicht gleich etwas in meinem Leben und ich (mein altes Denken) fing natürlich sofort wieder an zu zweifeln. Aber ich konnte und wollte nicht mehr zurück und mein altes Denken begann, verzweifelt um sich zu schlagen, denn ich glaubte ihm immer weniger. Es fühlte sich in seiner Existenz bedroht, doch es hatte keine Chance mehr bei mir.

Trotz aller Zweifel und vieler Momente, in denen ich keine Fortschritte spürte, machte ich weiter. Ich spürte einfach, dass ich auf dem richtigen Weg war.

Was mir allerdings sehr zu schaffen machte, war die Tatsache, dass ich trotz aller Überprüfungen meiner Gedanken meinem Mann nicht helfen konnte.

Er litt seit Jahren an einer Herzschwäche, die ihn bei der kleinsten Anstrengung nach Luft schnappen ließ, so wie damals bei meiner Mutter.

In mir sträubte sich alles, nein, das durfte einfach nicht sein, ich wollte das nicht noch einmal erleben.

Verzweifelt versuchte ich, meinem Mann davon zu überzeugen, dass er es selbst in der Hand habe, wieder gesund zu werden. Doch je mehr Druck ich machte, umso schlimmer wurde es.

So kam er wieder in die Klinik, wo die Ärzte ihm eine Herzleistung von gerade mal zehn Prozent bescheinigten. Er wurde auf die Intensivstation verlegt und Tag und Nacht überwacht.

Doch das Kuriose war, er fühlte sich gut, nicht wie ein Mensch mit einer Herzleistung von gerade mal zehn Prozent. Die Ärzte kamen aus dem Staunen nicht heraus.

Ich spürte, dass auch ich mit meinen Befürchtungen und mit diesem Druck, den ich meinem Mann machte, dazu beitrug.

Ich wollte ihn einfach davon überzeugen, dass er selbst für seine Gesundheit verantwortlich sei.

Doch mein Mann glaubte, dass ihm keiner helfen könne und er mit seiner Krankheit leben müsse. Als ich endlich erkannte, unter welchen Druck ich meinen Mann setzte, indem ich ihn von etwas überzeugen wollte, zu dem er nicht bereit war, änderte mein Mann plötzlich seine Einstellung.

Die Ärzte schlugen ihm vor, einen Herzschrittmacher zu implantieren. Und er war davon überzeugt, dass es ihm damit wieder besser gehen würde.

Ich muss nicht alles gut finden, was in meinem Leben passiert, doch ich kann es akzeptieren und mich fragen: Wozu könnte das gut für mich sein, was will mir diese Situation sagen, welcher stressige Gedanke von mir verbirgt sich dahinter?

Ich weiß, dass ein Mensch allein mithilfe der Ärzte und Tabletten nicht gesund werden kann, solange er nicht daran glaubt, dass er gesund wird.

Doch mein Mann wehrte dies als Blödsinn ab, das konnte und wollte ich nicht hinnehmen. Deshalb wollte ich ihm meine Überzeugung aufzwingen, was natürlich so nicht funktionieren konnte mit dem Ergebnis, dass sein Gesundheitszustand sich weiter verschlimmerte.

„Meinem Mann geschieht nach seinem Glauben", gegen diesen Gedanken sträubte sich alles in mir und deshalb befand ich mich in einem inneren Konflikt. Ich wollte einfach nicht, dass er sich mit seiner Krankheit abfand. Deshalb war mein Glaube ein anderer als der meines Mannes und darum war es auch kein Wunder, dass es ihm nicht besser ging, weil ich seine Überzeugung nicht akzeptieren konnte.

Mein altes Denken wollte wieder mal sein Recht auf Wahrheit beanspruchen, wobei ich das eigentliche Ziel, die Gesundwerdung meines Mannes, völlig aus den Augen verlor.

Deshalb konnten wir unser gemeinsames Ziel nicht erreichen. Jetzt akzeptiere ich seine *und* meine Überzeugung und habe einfach Vertrauen, dass es meinem Mann mit einem Herzschrittmacher wieder besser geht. Ich versuche nicht länger, ihn von etwas zu überzeugen, woran er selbst nicht glaubt.

Mit der Umkehrung kann ich meinen inneren Konflikt beenden, denn sie lautet: „Jedem geschieht nach seinem Glauben."

Mein Mann und ich wollen beide dasselbe, doch jeder glaubt auf eine andere Art und Weise, das Ziel zu erreichen.

Das können wir auch, jedoch nur, wenn jeder den Glauben des anderen akzeptiert und nicht länger darauf pocht, dass die eigene Überzeugung die einzig richtige ist.

Noch ein stressiger Gedanke verbarg sich dahinter, und zwar: „Meinem Mann ist nicht zu helfen." Wie konnte meinem Mann geholfen werden, wenn ich unbewusst selbst nicht glaubte, dass er wieder gesund würde. Mit diesem Gedanken konnte ich es gar nicht, denn er blockierte mein bewusstes Wollen.

Eine Umkehrung sorgt dafür, dass ich wieder in meiner Kraft bin. „Meinem Mann ist zu helfen", damit gelingt es mir, Vertrauen in seine Heilung zu bekommen und diese in seine und in Gottes Hand zu legen. Damit mische ich mich nicht länger in meines Mannes und in Gottes Angelegenheit, sondern bin wieder bei meiner eigenen, da, wo ich etwas bewegen kann, indem ich einfach loslasse und vertraue.

Diese Überprüfung gehörte mit zu den ersten, weil die Luftnot meines Mannes mich extrem belastete und ich mich total hilflos fühlte, da sich an seinem Gesundheitszustand auch nach vielen Jahren ärztlicher Hilfe einfach nichts änderte.

Ich spürte, dass diese Krankheit wieder dabei war, mein Leben zu dominieren, so, wie sie es schon als Kind mit mir getan hatte.

Das wollte ich nicht noch einmal erleben. Doch je mehr ich mich dagegen sträubte, umso mehr und öfter trat sie durch die Luftnot meines Mannes wieder in mein Bewusstsein.

Dieses Beispiel zeigt, wie etwas Negatives in unserem Leben sich immer größer machen muss, solange wir es nicht wahrhaben wollen oder sogar bekämpfen. Es will einfach nur gefühlt, überprüft und losgelassen werden, das ist das ganze Geheimnis. Dann erst kann es mich verlassen und nicht eher.

Als Kind schon hatte ich den stressigen Gedanken: „Ich kann meiner Mutter nicht helfen", und wünschte mir nichts mehr, als dass sie wieder gesund würde. Doch wie konnte ich mit diesem Gedanken, durch den ich von ohnmächtiger Verzweiflung geplagt wurde, meiner Mutter helfen? Das war einfach unmöglich. Stattdessen gelang es ihm, mich immer tiefer hinabzuziehen, sodass ich ihn letztendlich in meinem Unterbewusstsein vergrub, um ihn nicht länger zu spüren und irgendwie weiterzuleben. Doch damit war er nicht weg, im Gegenteil, er entwickelte große Kraft, damit ich ihn endlich wieder wahrnehmen, fühlen und loslassen konnte. Mit der Luftnot meines Mannes meldete er sich wieder mit voller Wucht zurück und ich musste meine ganze Ohnmacht und Verzweiflung noch einmal erleben.

Doch ich wusste jetzt auch, dass mir nichts anderes übrig blieb, als mich diesmal meinem alten Schmerz zu stellen und ihn anzunehmen.

Das fühlte sich an, als ob eine riesige Welle mich überflutete und ich ihr vollkommen hilflos ausgeliefert sei. Doch diesmal hörte ich auf, in panischer Angst um mich zu schlagen, sondern gab mich ihr hin, ließ mich quasi von ihr tragen.

So führte mich mein angenommener, alter Schmerz schließlich zu dem Gedanken, der verantwortlich dafür war, dass er entstehen konnte.

Indem ich mir die Umkehrung verdeutliche („Meine Mutter kann sich nur selbst helfen"), bin ich in meiner Kraft und muss mich nicht länger mit Gefühlen von ohnmächtiger Verzweiflung belasten.

Eine weitere Umkehrung ergibt: „Jeder kann sich nur selbst helfen", und macht mir klar, dass der ursprüngliche Gedanke mich nicht in meiner Kraft sein ließ und leichtes Spiel hatte, mich herunterzuziehen.

Genauso deutlich macht er mir, dass ich gar nicht die Macht besitze, um einen anderen Menschen gesund zu machen, solange er bewusst oder unbewusst davon überzeugt ist, mit seiner Krankheit leben zu müssen.

Nachdem ich nun eine Unmenge an Papier mit meinen stressigen Gedanken gefüllt (im Laufe eines Lebens kommt da schon einiges zusammen) und sie auf ihren Wahrheitsgehalt überprüft hatte, erinnerte ich mich daran, dass mir vor mehreren Wochen wie aus heiterem Himmel ein Gedanke durch den Kopf schoss, mit dem ich einfach nichts anfangen konnte. „Geh zu einer Bank, da findest du ein Buch", lautete der Gedanke.

Ich überlegte hin und her und kam nicht drauf, was das bedeuten sollte.

Welche Bank und was für ein Buch waren da gemeint? Es gibt die Deutsche Bank, es gibt die Parkbank (ich war gerade mit unserem Hund spazieren), die Gartenbank, was wollte dieser Gedanke mir sagen? Es fiel mir einfach nichts ein.

Dann, ein paar Tage später, machte es Klick. Die Schulbank war gemeint, natürlich, warum war ich nicht gleich darauf gekommen. Ich hatte noch die Schulbank gedrückt, als ich zum ersten Mal die Idee hatte, ein Buch zu schreiben.

Ich war wie vom Donner gerührt, jetzt hatte ich keine Zweifel mehr, ein Buch wollte endlich von mir geschrieben werden.

Sofort hatte ich auch den Titel parat, jedoch nicht wie damals „… immer die 7c", sondern, wie konnte es anders sein, passend zu meinen neuen Erkenntnissen „… immer diese Gedanken".

Nun gab es für mich kein Halten mehr, ich legte einfach los, wobei ich nicht verschweigen will, dass mich zwischendurch immer wieder Zweifel überfielen. Das traust du dir doch nie im Leben, ein Buch von dir zu veröffentlichen, noch dazu über dich selbst. Du hast doch keinerlei Erfahrung darin, du machst dich nur lächerlich.

Doch meine Begeisterung und meine Freude darüber, endlich das tun zu können, was ich schon so lange vorhatte und was in mir schon so lange darauf wartete, in die Welt zu kommen, waren größer.

Endlich konnte ich meine Begabung nutzen (Deutsch war das einzige Fach auf der EOS, in dem ich keine Fünf hatte). Schon immer hatte ich gern Aufsätze geschrieben, nicht nur für mich, sondern auch für meine Geschwister, die dann auch von der Lehrerin vorgelesen wurden. Das alles hatte ich vergessen, haderte stattdessen mit dem Schicksal und in meinem Gedächtnis blieb nur das hängen, was ich alles nicht konnte.

Mir fiel auch ein, dass ich einmal ein Buch über erfolgreiches Wünschen las und ich mir meine Wünsche so vorstellen sollte, als ob sie schon Wirklichkeit wären.

Ich schrieb mir meine Herzenswünsche auf. An erster Stelle stand für mich, Liebe und Harmonie in meiner Familie zu erleben, weil es das war, was ich in meinem Leben am allermeisten vermisste. Dass dies funktionierte, hatte ich ja schon selbst erlebt, als ich nichts anderes mehr im Kopf hatte als ein großes, weißes Schiff, das ich so vor mir sah, als ob es schon Wirklichkeit wäre. Doch diesmal schien es nicht zu funktionieren, von Liebe und Harmonie in unserer Familie war ich Meilen entfernt. Dass meine unbewussten Gedanken dies verhinderten, wusste ich zu diesem Zeitpunkt noch nicht.

Aber ich hatte jetzt ein Ziel vor Augen und das war für mich ein erfülltes, glückliches Leben, in dem meine Wünsche und

Bedürfnisse nicht mehr an letzter Stelle standen und ich mir diese nicht länger selbst verweigerte.

Ich war ja davon überzeugt, dass ich erst dann glücklich sein könnte, wenn meine Familie glücklich wäre. Dass ich mit dieser Einstellung lange auf mein Glück warten konnte, war mir nicht bewusst. Was ich meiner Familie vorlebte, war, wie man erfolgreich unglücklich wird, denn darin war ich perfekt.

Und genau das spiegelte sich in meiner Familie wider. Ich geriet mit ihr in immer größere Konflikte, mein Schmerz darüber wurde immer größer, denn all meine alten Verletzungen schienen mich wieder einzuholen. Dass meine Familie mir knallhart Dinge an den Kopf warf, über die ich bald verzweifelte, war das Beste, was sie für mich tun konnte. Das kann ich jetzt im Nachhinein sagen. Anders war mir einfach nicht zu helfen, denn das war genau das, was ich mir selbst wieder und wieder angetan hatte.

Mit der Aussage, dass die Welt um mich herum das widerspiegelt, was in mir ist (unbewusst), konnte ich zunächst nicht viel anfangen. Viel später wurde mir klar, was dies bedeutet.

Die vermeintlichen Verletzungen meiner Familie waren in Wirklichkeit das, was ich mir über Jahre hinweg selbst angetan hatte, weil ich von meiner Wertlosigkeit voll überzeugt war. Meine Familie wollte mir nur die Augen öffnen, dass ich einer Lüge meiner Gedanken gefolgt war. Das tat sie natürlich genauso unbewusst wie ich.

Dieser Druck meiner Familie auf meine alten Verletzungen sorgte letztendlich dafür, dass ich in Bewegung kam und damit dorthin, wo ich Antwort auf all meine Fragen bekam – in mir selbst.

Das Einzige, was ich dazu brauchte, war die Bereitschaft, nicht mehr so weiterzumachen wie bisher und mein Denken, das sich jahrelang in mir so verfestigt hatte, zu überprüfen. Dann kam ein Prozess in Gang, bei dem nichts mehr so ist, wie es einmal war, weil ich feststellen musste, dass es eine andere Wahrheit gab als die, der ich bisher gefolgt bin.

Damit geht ein Kapitel in meinem Leben zu Ende, welches von meinen ungeprüften, stressigen Gedanken beherrscht wurde, und ich schlage ein neues auf, ein Leben ohne solche Gedanken.

Damit beginne ich zu ahnen, „dass es Zeit ist, etwas Neues zu beginnen und dem Zauber des Anfangs zu vertrauen", so, wie es einst der Theologe Meister Eckhart schrieb, oder wie Albert Einstein: „Vernunft wird dich von A bis Z bringen, Fantasie bringt dich überall hin."

Damit folge ich nicht länger dem stressigen Gedanken „Es ist zu spät, um etwas Neues zu beginnen" oder „Ich bin zu alt, um etwas Neues zu beginnen", denn die Wahrheit ist: „Es ist nie zu spät, um etwas Neues zu beginnen."

Kapitel 2
Mein Leben ohne stressige Gedanken

An dieser Stelle komme ich ins Stocken. Durfte ich das überhaupt (mein altes Denken witterte wieder eine Chance), die geistige Idee eines anderen verbreiten? Ich wurde unsicher und hatte große Zweifel.

Die Antwort war, ich darf, weil es die Wirklichkeit ist und sie will nicht erst um Erlaubnis gefragt werden, denn sie existiert bereits.

Byron Katie hat sie ins Bewusstsein vieler Menschen geholt und ich folge ihr nur.

Somit kann es nur in ihrem Sinne sein, dass ihre Idee so viele Menschen wie möglich erreicht.

Die ersten Überprüfungen, die ich machte, begannen vor etwa einem Jahr und bewirkten erst einmal gar nichts in meinem äußeren Leben, im Gegenteil, alles schien sich zu verschlimmern. Immer wieder versuchte mein altes Denken, die Oberhand über mich zurückzugewinnen. Das ist doch alles Quatsch, was du da machst, es ändert sich doch sowieso nichts, glaub doch nicht so einen Blödsinn, das waren seine Argumente und die Wirklichkeit gab ihm ja auch recht.

Nicht immer gelang es mir, ihm standzuhalten, ich wollte mich mehr als einmal geschlagen geben und alles hinwerfen.

Doch etwas in mir war stärker und ich machte dann doch weiter. Ich spürte einfach, dass es meine letzte Chance war, das Ruder meines Lebens herumzureißen.

Die Vorstellung, nun endlich für mich selbst etwas tun zu können, spornte mich immer wieder an, sehr zum Leidwesen meines Mannes, denn für andere Sachen hatte ich kaum noch Interesse, so wie damals als Kind beim Lesen. Meine Bemühungen, mit ihm darüber zu reden, was ich da so alles schrieb, schlugen fehl.

Irgendwann gab ich es auf, weil ich wusste, eines Tages würde er es verstehen. Denn sobald ich einen Teil in mir heile, heilt auch ein Teil in ihm.

Zu dieser Erkenntnis verhalf mir das Buch von Eva-Maria Zurhorst „Liebe dich selbst und freu dich auf die nächste Krise".

Sie beschreibt darin, dass in einer Ehekrise der Mann genauso leiden würde wie die Frau.

Das war für mich eine ganz neue Erfahrung. Mein Mann, von dem ich mich so oft tief verletzt fühlte, sollte genauso leiden wie ich? Ich war doch diejenige, die verletzt wurde, nicht er. Über diese neue Erkenntnis war ich erschüttert und gleichzeitig irgendwie erleichtert.

Mein Mann war nicht der gefühllose, hartherzige Mensch, für den ich ihn immer hielt, der nur auf meinen Gefühlen herumtrampelte, auch er war tief verletzt und unglücklich in unserer Beziehung!

Doch von dieser Erkenntnis bis dahin, wo er begann, auch mal über seine Gefühle zu sprechen, war es noch ein weiter Weg. Er weigerte sich nach wie vor, mit mir darüber zu reden.

Also blieb mir nichts anderes übrig, als allein nach Möglichkeiten zu suchen, die uns wieder einander näher bringen sollten.

Diese Möglichkeit fand ich nun in der Methode von Katie Byron, indem ich mir meine unbewussten Gedanken und Glaubenssätze bewusst machte.

Das waren meine Hausaufgaben, die ich machen musste, sobald ich bereit dazu war, an meinem Leben etwas zu ändern, nicht die meines Partners, meiner Kinder noch von sonst irgendjemand.

Leider – oder Gott sei Dank – geschieht dies nur mit Druck. Nämlich dann, wenn ich an einer Stelle meines Lebens angekommen bin, wo ich glaube, das alles nicht mehr aushalten zu können.

Solange ich das jedoch nicht wahrhaben will, kann sich an meinem unbefriedigenden Leben nichts ändern. Stattdessen versuche ich, mich abzulenken, ich starte irgendwelche Aktivitäten, gehe zum Kegeln, ins Fitnessstudio oder mache irgendetwas anderes, um mir selbst nicht eingestehen zu müssen, dass mein Leben sich irgendwie leer anfühlt und mir all das eigentlich nichts gibt.

Ich sorge für Ersatzbefriedigung, anstatt mich ehrlich zu fragen: Will ich das eigentlich, was ich da mache? Oder tue ich es nur deshalb, um nicht als Spielverderber, als ein Langweiler vor den anderen dazustehen, der zu nichts Lust hat, der aus seinen vier Wänden nicht herauskommt?

Auch bei mir kam der Moment, als ich spürte, all dies befriedigte mich nicht mehr.

Dabei war es nicht so, dass ich nicht gern mit Menschen zusammen war, sondern eher die Tatsache, dass ich mich unter Druck setzte, da mitzumachen, obwohl ich lieber zu Hause geblieben wäre. Das alles dauerte mir einfach nur zu lange und ich wollte eher wieder nach Hause als alle anderen. Damals verurteilte ich mich dafür, dass ich mich damit selbst zum Außenseiter stempelte. Heute weiß ich, dass ich zu diesem Zeitpunkt begann, meinem Herzen zu folgen, das mir leise zuflüsterte: Das ist doch nicht das, was du wirklich willst, du willst doch etwas ganz anderes.

Doch was das war, wusste ich da noch nicht. Ich wusste nur, dass es sich irgendwie falsch anfühlte, wenn ich so weitermachte wie bisher.

Nach anfänglichen Problemen, die ich hatte, nachdem ich in Rente gegangen war und anfangs nichts Sinnvolles mit der vielen Freizeit anfangen konnte, wurde mir bewusst, welch großes Geschenk sich dahinter verbarg.

Das Leben schenkte mir Zeit für mich selbst, dafür, mich auf den Weg zurück zu mir zu machen, dahin, wo ich einst so unbeschwert und glücklich war ohne meine zerstörerischen Gedanken, dahin, wo ich mich geliebt und geborgen fühlte, wo die Welt für mich noch in Ordnung war, so, wie es sich als kleines Kind anfühlte. All das finde ich nur in mir, nirgends sonst. Denn mein Herz selbst ist es, das mir dieses verloren geglaubte Gefühl zurückbringen will.

Die ersten Überprüfungen meiner Gedanken, die ich machte, waren jedoch noch nicht sehr überzeugend für mich. Mein altes Denken funkte mir oftmals dazwischen, wollte sich nicht kampflos ergeben, verteidigte sein Recht und seine Daseinsberechtigung mit allen Mitteln. Aber es hatte keine Chance mehr bei mir, nachdem ich die ersten kleinen Fortschritte in meinem Leben zu spüren bekam. Und ich wusste, das war erst der Anfang, da gab es noch so viel, was das Leben für mich bereithielt. Das

Beste daran ist, diese wundervolle Erkenntnis hält das Leben für jeden Menschen bereit, der offen dafür ist, sein Leben ab sofort in seine eigenen Hände zu nehmen und nicht länger darauf zu hoffen, dass irgendetwas von allein geschieht. Tun wir es nicht, dann sind wir wie Marionetten, so wie ich eine war, die in eine Richtung geführt werden, in die wir nicht wollen.

Es gilt, die Fäden abzuschneiden, damit wir selbstständig in die Richtung laufen können, in die wir wollen, in ein glückliches, erfülltes Leben.

Das kann ich nur, wenn ich anfange zu fragen: Ist das wirklich wahr, was ich bisher geglaubt habe, oder kann es sein, dass die Wahrheit ganz anders aussieht? Dann wird das wahr, was unsere Bundeskanzlerin zum 25. Jahrestag des Mauerfalls gesagt hat: „Alles ist möglich, nichts muss so bleiben, wie es war."

Das bedeutet für mich, dass die Mauern zuerst in unseren Köpfen entstehen, um dann im Außen sichtbar zu werden, und auch nur in unseren Köpfen zum Einsturz gebracht werden können. Deshalb nützt es nichts, mit Gewalt zuerst im Außen dagegen vorzugehen, solange sie in unseren Köpfen noch besteht.

So, wie die friedlichen Demonstrationen im Herbst 1989 die Mauer unblutig niederreißen konnten. Hätten die Menschen mit Waffengewalt dem Regime getrotzt – ich wage nicht daran zu denken, was dann passiert wäre.

Die unbewaffneten Menschen wollten keine Gewalt. Das Einzige, was sie wollten, waren keine Lügen mehr, der Macht der Wahrheit konnten somit die stärksten Mauern nicht widerstehen.

Alle vereinte ein einziger Gedanke, die Mauer muss weg, und allein dieser Gedanke war es, der sie letztendlich friedlich zum Einsturz brachte.

Genauso wie es im Großen funktioniert, so funktioniert es auch im Kleinen. Die Mauer meiner ungeprüften, stressigen Gedanken kann ich nur friedlich zum Einsturz bringen, indem ich mich ihnen friedlich zuwende, sie hinterfrage und sie mich somit friedlich verlassen können.

Gewalt schürt neue Gewalt. Komme ich dagegen in friedlicher Absicht, hat die Gewalt keine Chance mehr und ich entziehe ihr jede Kraft.

Doch ich musste auch feststellen, dass meine bewussten Wünsche nicht immer das waren, was mich auch wirklich glücklich macht.

Mein Traum von der Ferne war nichts anderes als meine tiefe Sehnsucht nach Freiheit, nach Liebe, nach Wertschätzung, wobei ich glaubte, all das in der Fremde finden zu können. Ich fand es dort nicht, doch ich musste es einfach tun, um zu der Erkenntnis zu gelangen, dass ich mich erst verlassen muss, um zu mir selbst zurückkehren zu können, dahin, wohin es nicht nur mich, sondern jeden Menschen zieht.

Denn nichts anderes tat ich mit meinem bewussten Wunsch, zur See zu fahren. Dahinter verbarg sich mein wahrer Herzenswunsch, und nur indem ich ihm folgte, gelangte ich zu ihm und zu dem, was mich wahrhaft glücklich macht.

Mein Kindheitstrauma war die panische Angst, mein Zuhause zu verlieren. Deshalb konnte ich mich letztendlich nur davon befreien, indem ich das tat, wovor ich so panische Angst hatte – ich verließ mein Zuhause selbst.

Meine Eltern ließen mich mit gerade mal achtzehn Jahren allein in die große weite Welt hinaus, einem ungewissen Schicksal entgegen. Obwohl ich volljährig war, weiß ich nicht, wie ich reagiert hätte, wenn sie versucht hätten, mir dies auszureden.

Doch sie machten keinerlei Versuche in diese Richtung und taten damit das Beste, was sie für mich tun konnten. Nur so gelang es mir, wenn auch viele Jahre später, mich von meinem Trauma zu befreien.

Unbewusst jedoch war ich auch enttäuscht darüber, dass meine Eltern mich nicht zurückhielten. Ein Gedanke hatte sich deshalb in mir verfestigt: „Meinen Eltern ist egal, was aus mir wird", und sorgte neben meiner Freude, endlich am Ziel meiner Wünsche zu sein, für schmerzliche Gefühle.

Erst nachdem ich wieder zu Hause war, erzählte mir meine Mutter von den Ängsten, die sie um mich ausgestanden hatte, wenn Sturm tobte und sie mich auf hoher See wusste. Somit kann ich erst jetzt diesen stressigen Gedanken mit der Umkehrung als eine Lüge entlarven, denn meinen Eltern war nicht egal, was aus mir würde.

Als ich mit meinem Mann zum ersten Mal darüber sprach, dass ich ein Buch schriebe und die Absicht habe, es zu veröffentlichen, reagierte er anders, als ich befürchtet hatte.

Ich rechnete mit tiefer Ablehnung und damit, dass er versuchen würde, mir das auszureden.

Doch nichts dergleichen geschah. Er nahm es relativ gelassen hin, so, als ob ich ihn gefragt hätte, was ich am Sonntag kochen solle.

Ich wollte ein Buch von mir veröffentlichen und er tat so, als ob es das Normalste von der Welt wäre. Früher wäre ich tief verletzt gewesen und hätte mir in sinnlosen Diskussionen wieder einmal selbst bestätigt: „Mein Mann interessiert sich nicht für mich."

Doch diesmal war es anders, ich konnte diesen alten Glaubenssatz sofort erkennen und spürte stattdessen eine tiefe Verbundenheit mit ihm. Das ist mein Mann, wie er leibt und lebt, der das ausspricht, was er denkt, der sich nicht verbiegt und anderen nach dem Mund redet. Dafür liebe ich ihn, weil er der ist, der er ist, und ich nicht länger an ihm rumzerren muss, um ihn so zu verändern, wie ich ihn gerne hätte.

Denn mit der Umkehrung „Mein Mann interessiert sich für mich" komme ich der Wahrheit näher. Hätte mein Mann mir Interesse vorgeheuchelt, wäre dies eine Lüge gewesen, so, wie ich es all die Jahre mir gegenüber selbst getan hatte. Ich hatte mir eine Lüge nach der anderen erzählt und wollte diesen nun nicht länger folgen.

Somit hatte mein Mann mit seiner Reaktion mehr für mich getan, als wenn er mich in meinem Entschluss bestärkt hätte, nur um mir einen Gefallen zu tun.

Im Folgenden möchte ich Überprüfungen von mir vorstellen, von denen ich weiß, dass sie mich am meisten berührt haben und dass vielleicht so manch einer die gleichen oder ähnliche Glaubenssätze in sich trägt.

Im ersten Teil meines Buches erwähnte ich bereits, dass ich jahrelang geglaubt hatte, dass mein Mann mich nur geheiratet habe, weil ich ihn dazu gezwungen hätte.

Als ich ihm zum ersten Mal davon erzählte (nach 41 Ehejahren!), sagte er nur: „Dann wäre ich wohl nicht so lange bei dir geblieben." Das war die schönste Liebeserklärung, die er mir machen konnte.

Daraufhin war ich so verwirrt und durcheinander wie damals, als wir uns zum ersten Mal gegenüberstanden. Mein Glaubenssatz, der dafür verantwortlich war, dass unsere Ehe sich all die Jahre so falsch anfühlte, lautete: „Ich habe aus dem falschen Grund geheiratet", nämlich der Leute wegen.

Nach der Überprüfung wusste ich, dass dies eine Lüge war und ich „aus dem richtigen Grund" geheiratet hatte – weil ich meinen Mann liebte und keinen anderen als ihn wollte.

Ob mein Mann oder meine Kinder jemals irgendeine Überprüfung ihrer stressigen Gedanken machen werden, dessen kann ich mir nicht sicher sein. Das ist auch gar nicht nötig, denn diese habe ich alle auf sie projiziert. Sie müssen sie mir lediglich widerspiegeln, weil es meine eigenen sind.

Mit dieser Erkenntnis habe ich die Fäden, die über mein Leben bestimmten, wieder in der Hand und muss nicht länger darauf warten, dass meine Familie mich glücklich macht. Damit kann ich selbst aktiv werden und gut für mich sorgen, muss nicht länger das Opfer eines vermeintlich ungerechten Lebens sein.

Allein diese Überzeugung hielt mich jahrelang davon ab, mein ganzes Potenzial zu leben und mich von alten Beschränkungen zu befreien.

Sobald ich das erkenne, kann ich endlich etwas für mich selbst tun und muss nicht länger darauf warten, dass mich irgendjemand glücklich macht.

Vor zwei Jahren war ich mit meinem Mann im Thüringer Wald im Urlaub.

Wir machten einen Tagesausflug und suchten eine Gaststätte, um unseren Durst zu stillen. Vor einem kleinen Wirtshaus machten wir halt und setzten uns in den davor stehenden, schmiedeeisernen Pavillon.

Ein freundlicher Kellner brachte uns das Gewünschte, als mich urplötzlich eine Panikattacke überfiel und ich meinen Mann drängte, zu bezahlen, um so schnell wie möglich dieses Gelände wieder zu verlassen. Weder mein Mann noch ich wussten, was mit mir los war, ich hatte lediglich das unheimliche Gefühl, von irgendetwas bedroht zu werden. Die Angst schnürte mir förmlich die Kehle zu.

Dieses Gefühl legte sich, als wir diese kleine Stadt wieder verließen. Deshalb machte ich mir auch keinerlei Gedanken mehr darüber, warum und weshalb ich so panisch reagiert hatte.

Mit einer Überprüfung kam ich nun darauf, was damals in mir diese Panikattacke auslöste.

Es war die Erinnerung an ein für mich lebensbedrohliches Kindheitstrauma, das ich in einem Ferienlager im Thüringer Wald erlebte. Der stressige Gedanke dazu lautete: „Ich werde in einen Käfig eingesperrt und darf nie wieder nach Hause."

Der schmiedeeiserne Pavillon hatte mir diese panischen Ängste wieder ins Bewusstsein geholt, deshalb war für mich jetzt klar, weshalb ich diese Gaststätte fluchtartig wieder verlassen musste.

Ich war damals zehn Jahre alt, als mein Vater für mich einen Platz in einem Ferienlager seines Betriebes im Thüringer Wald besorgte. Er wollte mir damit eine Freude machen, doch für mich war es das nicht. Schon während der Zugfahrt mit all den fröhlichen, aufgekratzten Kindern konnte ich nur mit Mühe meine Tränen zurückhalten und das wurde von Tag zu Tag schlimmer. Ich konnte nichts mehr essen und wollte an nichts teilnehmen, so sehr plagte mich das Heimweh. Bis ich es nicht mehr aushielt und meiner Mutter einen Brief schrieb, sie solle mich doch bitte, bitte wieder abholen, lieber wolle ich jeden Tag Schläge bekommen, als von zu Hause weg zu sein. Gleichzeitig schämte ich mich unsagbar für dieses Gefühl. Doch ich konnte einfach nicht anders und meine Mutter holte mich daraufhin wieder ab.

Erst nach so vielen Jahren konnte ich mit einer Überprüfung feststellen, dass nicht dieses Trauma mich all die Jahre so belastet hatte, sondern die Tatsache, dass meine Gedanken mich schon lange vorher eingesperrt hatten, weil ich ihnen glaubte. Durch sie war ich zu der festen Überzeugung gelangt, ich sei schuld daran, dass meine Eltern nur noch stritten und wir Kinder (zu diesem Zeitpunkt waren wir vier, später kamen dann die

Zwillinge dazu) ihnen nur auf der Tasche lagen, weil ständig das Geld knapp war und es an manchen Tagen nicht einmal dazu reichte, um Brot zu kaufen. Nicht zuletzt schürte auch das Märchen von Hänsel und Gretel meine Ängste, die ja bekanntlich von ihren Eltern im tiefen Wald ausgesetzt wurden, weil ihre Eltern sie nicht mehr ernähren konnten. Hänsel wurde von der bösen Hexe in einen Käfig gesteckt.

Mit der Umkehrung erfahre ich die Wahrheit, sie lautet: „Meine Gedanken sperren mich in einen Käfig und lassen mich nicht nach Hause." Dies ist deshalb wahr, weil mich nie irgendjemand eingesperrt hatte, schließlich ging ich ja auch mit knapp achtzehn Jahren von zu Hause weg. Das war mir damals natürlich nicht bewusst, weil ich den stressigen Gedanken in mir trug, eine Gefangene zu sein, und mich der trügerischen Hoffnung hingab, nur in der Fremde frei zu sein und da mein Glück zu finden.

Mit der Umkehrung „Ich befreie mich selbst und finde wieder nach Hause" befreie ich mich selbst aus meiner Gefangenschaft, um mein eigenes Leben in Freiheit leben zu können.

Diese für mich als Kind lebensbedrohliche Vorstellung, gefangen zu sein und damit nie wieder nach Hause zurückkehren zu können, war die wahre Ursache meines Traumas und nicht das Ferienlager. Dieses spiegelte mir nur das Drama im Außen wider, das sich in meiner kindlichen Seele abspielte. Dass dies in keiner Weise der Wirklichkeit entsprach, ich niemals eingesperrt war und meine Eltern mich nie loswerden wollten, obwohl wir so viele Kinder waren, zeigt mir im Nachhinein, wie zerstörerisch falsche Gedanken sein können.

Mein stressiger Glaubenssatz dazu lautete: „Das Ferienlager war mein Kindheitstrauma" und war genauso falsch wie alle anderen stressigen Glaubenssätze.

Eine Umkehrung ergab: „Mein Denken war mein Kindheitstrauma" und ist für mich wahr, denn ich, als unschuldiges Kind, musste meinen stressigen Gedanken in panischer Angst folgen und konnte deshalb die ganze Tragweite dieses Gedankens nicht erkennen.

Noch eine Umkehrung gibt es zu diesem Thema, sie lautet: „Das Ferienlager war mein Glück", und es bekommt damit für mich eine neue Bedeutung. Denn nur durch dieses Erlebnis und die Panikattacke in dem Pavillon bekam ich die Möglichkeit, mich von diesem extrem stressigen Gedanken zu befreien, der mich schon viele Jahre meines Lebens unbewusst belastet hatte.

Neue Zweifel überfielen mich. Konnte ich über all das so öffentlich schreiben, zog ich damit nicht das Andenken meiner Eltern in den Schmutz?

Dieser Gedanke schmerzte mich sehr, denn nichts lag mir ferner als das. Mein Glaubenssatz „Mit diesem Buch ziehe ich das Andenken meiner Eltern in den Schmutz" bedurfte einer Überprüfung. Heraus kam: „Mit diesem Buch ziehe ich das Andenken meiner Eltern nicht in den Schmutz", denn auch sie waren nur Opfer ihrer ungeprüften Gedanken.

In beiden hatte der Krieg tiefe Wunden hinterlassen. Mein Vater schon als Kind Hunger gelitten und an der Front Entsetzliches erlebt, mehr als einmal um sein Leben gefürchtet.

Nach Kriegsende starb seine erste Frau an Typhus und er stand mit seinem kleinen Jungen allein da.

Auch meine Mutter verlor ihren ersten Mann im Krieg. Er wurde als Pilot abgeschossen und ließ auch sie mit ihrem Kind allein zurück.

So brachte jeder sein Leid und seinen Schmerz mit in die Beziehung, ebenso wie die unbewusste Überzeugung, das Leben bestehe nur aus Leid und Schmerz. Eine Überprüfung wäre für sie sicherlich sehr schmerzhaft gewesen und hätte das ganze Elend nochmals zum Vorschein gebracht. Doch nur so hätten sie eine Chance gehabt, sich von alldem zu befreien.

Ihre lieblose, hasserfüllte Beziehung spiegelte genau das wider, was in ihnen war, und musste sich auch auf uns Kinder übertragen. Das war ihnen genauso wenig bewusst wie uns.

Doch all dieser Schmerz, all dieses Leid waren nicht umsonst.

Meine Eltern hinterließen mir damit eine Botschaft: Wir haben es nicht geschafft, mein Kind, mach du es besser.

An dieser Stelle, ich will es nicht verschweigen, überfällt mich solch ein Weinkrampf, dass ich erst einmal aufhören muss zu schreiben. Denn genau diese Worte sagte ein Verwandter zu mir nach der Trauerfeier für meine Mutter, die 1986 verstarb. Ich musste 64 Jahre alt werden, um das zu erkennen!

Es ist spät, aber niemals zu spät, um mein Leben in eine andere Richtung zu führen als bisher. Das ist die wunderbarste Erkenntnis, die ich machen konnte und die allen Menschen offensteht, die nur bereit dazu sind. Das ist auch mein Anliegen und der Grund, weshalb dieses Buch entstand.

Weitere Glaubenssätze von mir bezogen sich auf das Thema Geld.

Nachdem ich anfing, mich meinem Inneren zuzuwenden, wurden materielle Dinge für mich immer unwichtiger. Ich spürte, dass diese mich nicht wirklich glücklich machen würden, und glaubte fest daran.

Doch die Wirklichkeit holte mich auch hier ein. Mein Rentenbescheid brachte mich auf den Boden der Tatsachen zurück. Wie sollte ich mit so wenig Geld auskommen?

Auch hier machte ich eine Überprüfung mit dem Glaubenssatz „Ich brauche nicht viel Geld, um glücklich zu sein".

Heraus kam, dass diese Aussage im Kern richtig ist, doch ein Zusatz fehlte.

Bei der Umkehrung kam zum Vorschein, dass ich nicht viel Geld brauche, um glücklich zu sein. Andererseits ist es genauso wahr, dass ich viel Geld haben und trotzdem unglücklich sein kann. Alles ist nur eine Frage der inneren Einstellung.

Da ich jetzt weiß, dass mein Glück nicht allein vom Geld abhängt, kann ich das Geld in meinem Leben willkommen heißen, wenn es denn zu mir kommen sollte. Meine neue Einstellung lautet deshalb: „Ich brauche nicht viel Geld, um glücklich zu sein, doch ich heiße es in meinem Leben willkommen".

Entsprechend meinem alten Glaubenssatz „Ich brauche nicht viel Geld, um glücklich zu sein" sah auch mein Rentenbescheid aus, da konnte ich mich aufregen, wie ich wollte. Ich las es schwarz auf weiß. Diese Tatsache wollte ich überprüfen, was heraus kam, habe ich oben beschrieben.

Über das Thema Geld hatte ich viele stressige Gedanken.

So z. B. „Geld macht nicht glücklich, aber es beruhigt" oder „Geld verdirbt den Charakter". Wie konnte ich mit diesen unbewussten Gedanken „einen Blumentopf" beim Geld gewinnen? Ich wollte glücklich sein und nicht nur ruhiggestellt werden und auch nicht so ein Geizkragen werden wie Mr. Scrooge in der Weihnachtsgeschichte.

Seit dieser Überprüfung habe ich eine ganz andere Einstellung zum Geld, denn Geld an sich ist weder gut noch schlecht, es ist einfach nur Geld und es liegt an mir, wie ich es verwende. Allein meine Gedanken sind es, die aus Geld etwas Schlechtes, Unmoralisches machen.

Mit Geld kann man so viel Gutes tun. Man kann es dazu verwenden, um den Hunger in der Welt zu bekämpfen, man kann mit ihm die Forschung vorantreiben, um Krankheiten zu besiegen, und nicht zuletzt sorgt es dafür, dass ich ein Dach über dem Kopf habe und mir etwas zu essen kaufen kann. Wie kann Geld also etwas Schlechtes sein? Mit meinen unbewussten Gedanken wollte ich gar nicht mehr Geld haben, denn ich war ja felsenfest davon überzeugt, dass ich nicht viel brauchte, um glücklich zu sein.

Auch der Gedanke „Ein armer Mensch ist wertvoller als ein reicher Mensch" geisterte viele Jahre in mir herum. Ich fand ihn deshalb wahr, weil meine Eltern für mich wertvolle Menschen, aber arm waren. Sobald sich irgendjemand über Leute aufregte, die viel Geld besaßen, wurde ich in meiner Überzeugung bestärkt und beschloss, „lieber arm und wertvoll als reich und wertlos" zu sein. Mit diesem unbewussten Glauben konnte ich lange darauf warten, dass sich das Geld bei mir wohlfühlte.

Mit den Umkehrungen „Ein reicher Mensch ist genauso wertvoll wie ein armer Mensch" und „lieber reich und wertvoll als arm und wertlos" musste ich das Geld nicht länger aus meinem Leben verbannen.

„Im Alter werde ich arm sein", mit dieser sich selbst erfüllenden, negativen Prophezeiung werde ich immer am Rande der Armutsgrenze leben müssen, denn schließlich will ich (oder mein altes Denken) recht bekommen.

Erst die Umkehrung befreit mich von ihr. Sie lautet: „Im Alter werde ich reich sein", weil dies die Wahrheit ist. In uns allen ist großer Reichtum, den wir mit dem ursprünglich stressigen

Gedanken niemals erkennen können, solange wir ihm Glauben schenken.

Es ist schon paradox: Bewusst wünschen wir uns etwas, denn natürlich wäre mir lieber gewesen, meine Rente wäre etwas üppiger ausgefallen. Auf der anderen Seite sind wir es, die diese Wünsche blockieren und ihre Erfüllung gar nicht wirklich wollen, sondern unbewusst ablehnen und uns damit selbst belügen.

Viele Menschen glauben, wenn sie erst einmal im Lotto gewonnen hätten, wären sie glücklich und könnten sich alle Herzenswünsche erfüllen, wären alle Sorgen mit einem Schlag los.

Auch ich war vor vielen Jahren davon überzeugt und hielt es für die Wirklichkeit. Das jedoch ist eine große Lüge, denn mein Denken kennt meine Herzenswünsche gar nicht, weil es davon überzeugt ist, dass ich nur dann glücklich bin, wenn ich mir alles kaufen kann, was mein Herz begehrt.

Diesem Irrtum bin auch ich auf den Leim gegangen und wartete auf den großen Gewinn. Doch da dieser nicht kam und ich jahrelang vergeblich darauf wartete, sah ich mich in meinem Glauben bestätigt, ich sei halt kein Glückspilz.

Damit jedoch beißt sich die Katze in ihren eigenen Schwanz. Kein Glückspilz, kein Lottogewinn – kein Lottogewinn, kein Glückspilz.

Auch bin ich jetzt davon überzeugt, dass manche Lottomillionäre nach der anfänglichen Euphorie oftmals unglücklicher sind als vorher, denn sie müssen den Glaubenssatz in sich tragen: „Geld ist das Wichtigste in meinem Leben". Damit treten ihre Herzenswünsche in den Hintergrund und sie müssen alles tun, um dem Wichtigsten in ihrem Leben gerecht zu werden. Dabei übersehen sie eines, ihre Herzenskraft, denn ohne sie werden sie niemals glücklich sein. Sie allein ist die Kraft, die uns mit der Fähigkeit ausstattet, uns selbst wahrhaft glücklich zu machen. Das kann kein Geld der Welt.

Hoffe ich auf den großen Gewinn, überlasse ich jedoch mein Glück dem Zufall und fühle mich darin bestätigt, ich könne für mein Glück nicht selbst sorgen.

Erst wenn ich den Glaubenssatz umdrehe und mir verinnerliche: „Ich bin ein Glückspilz" oder „Geld ist nicht das Wichtigste in meinem Leben", kann ich auch einen unverhofften Geldsegen in meinem Leben willkommen heißen und damit glücklich werden.

Das Thema Armut – besser gesagt, die Angst davor – nimmt in unserem Leben einen sehr wichtigen, um nicht zu sagen, den allerwichtigsten Platz ein. Dabei bedeutet dies in Wahrheit in erster Linie unsere Angst vor innerer Armut. Denn sie ist die eigentliche Ursache unserer äußeren Armut. Fühle ich mich innerlich arm, dann kann ich den größten äußeren Reichtum nicht genießen und bin damit in Wirklichkeit „arm dran".

So, wie ich neulich einen Bericht über einen milliardenschweren Unternehmer sah, der seine Mitarbeiter in extremster Form zum Sparen anhielt. Dieser Mann konnte sich alles leisten, was sein Herz begehrte, doch dieser Reichtum schien ihm in Gefahr zu sein. Jeder Cent, den er in seine Firma investierte, schien ihm seine Angst vor Armut zu bestätigen.

Er musste den stressigen Gedanken in sich tragen „Ich habe Angst vor Armut", der ihn zeit seines Lebens verfolgte. Dabei hätte er sich nur vor Augen halten müssen, dass er „Angst vor Reichtum" hatte, denn nichts anderes verbarg sich hinter seinem stressigen Gedanken.

Der äußere Reichtum passte einfach nicht zu seiner inneren Armut, denn er erzeugte einen ständigen Konflikt in ihm, mit dem er sich immer ruheloser und unglücklicher fühlen musste.

Was er erschaffen hatte, war weit mehr, als ein Mensch sich je vorstellen kann. Deshalb hätte er Geld genug gehabt, um es mit vollen Händen auszugeben, doch seine Angst vor Armut hielt ihn gefangen.

Ohne diese Angst vor Armut wäre jeder Cent, den er ausgegeben hätte, doppelt und dreifach zu ihm zurückgekehrt, weil er mit seiner Arbeit den Menschen etwas gegeben hätte. Sein Inneres hätte zum Äußeren gepasst und er hätte seinen Reichtum genießen können.

Doch seine Angst hatte ihn voll im Griff. Deshalb sah er sich gezwungen, seine Mitarbeiter zum rigorosen Sparen anzuhalten, wobei es sich dabei oft nur um lächerliche Beträge handelte.

Er lebte in einem ständigen Konflikt und war aus diesem Grund wirklich arm dran, weil er diesem stressigen Gedanken folgte und gar nicht anders konnte, als jede noch so kleine Ausgabe mit Armut in Verbindung zu bringen.

Er war nichts anderes als ein armer reicher Mann, der sein Leben trotz eines milliardenschweren Besitzes in innerer Armut verbringen musste.

„Ich habe weder Angst vor Armut noch vor Reichtum", mit dieser Umkehrung mache ich mich zum reichsten Menschen der Welt, weil ich mit diesem Gedanken mit mir und der Welt im Reinen bin und alles willkommen heißen kann, was in meinem Leben passiert.

Es ist unsere Angst, mit der wir „arm dran" sind, sie hat unsere Flügel gestutzt und verhindert damit, dass wir mit unseren Träumen fliegen können.

Mit der Überwindung unserer Angst wachsen sie uns wieder und nichts mehr ist für uns unmöglich. Dann erst können wir einer anderen Wahrheit folgen und sie lautet: „Ich bin reich dran."

Unsere Angst kann durchaus ein Motivator sein, um uns aus unserer Komfortzone herauszubewegen und Großes zu leisten. Doch erst ihre Überwindung lässt uns wahrhaft glücklich und stolz auf uns sein.

Solange ich jedoch davon überzeugt bin, ich habe nur Pech im Leben, wird das auch so sein und ich kann lange auf mein Glück warten. Gibt es nur einen einzigen Bereich in meinem Leben, in dem ich nicht wahrhaft glücklich bin, dann ist meine innere „Arbeit" noch nicht zu Ende und bedeutet für mich, dass es in mir noch weitere stressige Gedanken oder Glaubenssätze gibt, die es gilt zu hinterfragen. Erst dann kann ich meine Arbeit beenden und erfahre, dass ich ein wirklicher Glückspilz bin, weil ich selbst dafür sorgen kann, einer zu werden.

Viele Menschen sind auf der Jagd nach Schnäppchen, sie wollen das Beste für so wenig Geld wie möglich bekommen. Ich frage mich, ist das wirklich nötig, müssen wir deshalb auf der Jagd sein, uns dafür abhetzen? Ich glaube nicht, dass dies nötig ist, denn wir werden lediglich von einem stressigen Gedanken angetrieben, er lautet: „Nichts ist umsonst."

Doch ist das auch wirklich wahr, hetze ich mich für etwas ab, was womöglich gar nicht notwendig ist? Diese Frage stellte ich mir und bekam zur Antwort: „Vieles ist umsonst."

Wie soll das möglich sein, ich muss doch für alles bezahlen und kriege nichts umsonst?

Und doch ist es wahr, denn das, was mein Herz begehrt, das, was mich von ganzem Herzen wirklich glücklich macht, das gibt es für jeden Menschen ganz umsonst.

Mein Verstand kann dies nicht wissen, weil er davon überzeugt ist, erst dann glücklich zu sein, wenn ich mir alles kaufen kann.

Eine Lüge, der wir alle folgen, denn die Wahrheit ist: „Meine Herzenskraft ist umsonst."

Diese Kraft, die uns mit dem Leben verbindet, schenkt mir alles ganz umsonst, Liebe, Glück, Frieden, Zuversicht, Gelassenheit, Vertrauen in das Leben und die Gabe, die Dinge zu erkennen, die mich wirklich glücklich machen. Dafür muss ich mich nicht abhetzen, ganz im Gegenteil.

Das alles erfahre ich nur, wenn ich zur Ruhe komme, mich meinem Inneren zuwende und endlich beginne, auf mein Herz zu hören. Dann wird mir alles geschenkt, weil ich erfahren habe, dass mir das Leben selbst geschenkt wird. Ich muss nicht länger auf der Jagd nach Schnäppchen sein, sondern habe bereits das Kostbarste in meinem Leben, denn „das Leben ist ganz umsonst".

Auch der Gedanke „Im Leben bekommt man nichts geschenkt" ist ein stressiger und sorgt dafür, dass ich die Fülle des Lebens nicht erkennen kann. Mit der Umkehrung bekommt der ursprüngliche Gedanke eine neue Bedeutung, denn: „Im Leben bekommt man vieles geschenkt". Für mich ist das wahr, weil für mich das Leben an sich schon das größte Geschenk ist und es nur an mir liegt, was ich daraus mache.

Das Leben schickt mir jeden Tag Geschenke, auf der Verpackung steht jedoch „Problem". Solange ich davon überzeugt bin, dass sich darin kein Geschenk, sondern ein Problem befindet, schicke ich es zurück mit dem Vermerk „Annahme verweigert".

Indem ich es nicht annehme, sprich: vor meinen Problemen davonlaufe, weil ich all die unangenehmen Gefühle nicht spüren will, die damit verbunden sind, kann ich meine Probleme auch nicht als Geschenke des Lebens erkennen.

Nehme ich jedoch das (Problem)Paket an und öffne es, muss ich feststellen, dass es leer ist, weil es in Wahrheit keine Probleme gibt, die ich nicht lösen kann. Es ist wieder mal mein Denken, das mich vor unlösbare Probleme stellt.

„Ich will keine Probleme haben" – diese stressige Überzeugung liefert sie mir erst und ich ziehe sie damit magisch an, weil ich sie zu meinem Feind mache.

Erst meine Bereitschaft, sie anzunehmen, lässt mich das Geschenk erkennen, das sich dahinter verbirgt, denn die Wahrheit ist: „Die Probleme wollen mich haben."

Das bedeutet, dass sie zu mir kommen wollen, weil sie mir etwas zu geben haben.

Weise ich sie zurück, weise ich auch das Geschenk zurück, das sich dahinter verbirgt, gemäß dem Glaubenssatz, im Leben bekommt man nichts geschenkt.

Damit folge ich ebenso dem stressigen Glaubenssatz „Nimm keine Geschenke von Fremden an". Doch in meiner falschen Bescheidenheit weise ich damit auch jedes Geschenk zurück, das mir das Leben machen will.

Mit der Umkehrung erlaube ich mir selbst, sie anzunehmen, denn „ich darf Geschenke annehmen".

Schon als Kind wurde uns eingebläut, keine Geschenke von Fremden zu nehmen. Da ist es kein Wunder, dass wir jegliche Art von Geschenken, ausgenommen von uns Bekannten, zurückweisen. Es könnte sich ja etwas Schlimmes dahinter verbergen.

Diese Skepsis hat natürlich weitreichende Folgen und so verinnerlichen wir, Geschenke von Fremden seien generell etwas Schlechtes, auch wenn sie uns glücklich machen würden. Doch dieses Risiko wollen wir nicht eingehen und verzichten darauf. Stattdessen folgen wir lieber dem stressigen Gedanken, das Leben schenke mir nichts.

Auch ich folgte als Kind den Anweisungen meiner Eltern, als sie mir das vor Augen hielten.

Dabei erinnere ich mich an eine Klassenfahrt, auf der mir die Eltern einer Schulkameradin einen Eisbecher spendieren wollten, weil ich kein Geld dafür hatte. Ich lehnte ab, obwohl ich natürlich zu gern ja gesagt hätte, denn das gab es bei uns schließlich nicht alle Tage, schon gar nicht in einer Gaststätte.

Deshalb brauchen wir uns also nicht zu wundern, dass es zu solch stressigen Gedanken kommt, die uns in keinster Weise bewusst sind und dennoch über unser Leben bestimmen. Doch es gibt einen Trost. Die nicht angenommenen (Problem)Pakete bewahrt Gott so lange für mich auf, bis ich bereit bin, sie in Empfang zu nehmen. Er versucht es wieder und wieder, bis ich mich dazu entschließe, sie anzunehmen. Damit entschließe ich mich auch, das Geschenk meines inneren Kindes anzunehmen, denn dieses innere Kind liebt mich bedingungslos, es verzeiht mir alles und wartet nur darauf, dass ich ihm meine Liebe schenke, denn mehr will es nicht.

Dieses innere Kind ist in Wahrheit mein Herz selbst und meine wahre Natur.

Der Glaubenssatz dazu, der mich mit tiefem Schmerz erfüllt, lautet: „Ich habe mein eigenes Kind verstoßen."

Er ist auch dafür verantwortlich, dass es uns so schmerzlich berührt, wenn Eltern ihr eigenes Kind verstoßen, weil es unser Schmerz ist, weil wir uns selbst gegenüber so unmenschlich waren.

Erst mit der Umkehrung können wir uns davon befreien, denn sie ist die Wahrheit. „Ich habe mein eigenes Kind angenommen." Damit geben wir ihm die Liebe wieder zurück, die wir ihm vor langer Zeit aus irgendwelchen Gründen versagt hatten, weshalb wir uns ungeliebt und wertlos fühlen mussten.

„Mein eigenes Kind hat mich angenommen." Das bedeutet nichts anderes, als dass mein inneres Kind meine Liebe annimmt, mir alles verzeiht, jeden Schmerz, den ich ihm zugefügt habe, jede Zurückweisung vergisst, weil es nur auf diesen Moment gewartet hat.

Auf diesen Moment, in dem ich wieder zu hundert Prozent ich selbst sein darf und es sich endlich wieder richtig anfühlt.

Noch einen stressigen Gedanken gibt es zu diesem Thema: „Ich darf nicht ich selbst sein."

Er war ebenso verantwortlich für diesen großen Schmerz in mir und bedeutete nichts anderes, als dass ich so, wie ich bin, falsch bin. Er musste notgedrungen für meine Überzeugung sorgen, jemand anderes sein zu müssen.

Die Umkehrung befreit mich von diesem extrem zerstörerischen Gedanken. „Ich darf ich selbst sein."

In einem Reklameprospekt eines Kaufhauses fiel mir unlängst ein großes Bild von Kindern aller Nationalitäten im Alter zwischen drei und fünf Jahren ins Auge.

So unterschiedlich, wie ihre Hautfarbe war, so einmütig strahlten sie in die Kamera, um neue Kindermode zu präsentieren.

Dieses Bild machte auf mich einen tiefen Eindruck, denn diese Kinder schienen mit sich und der Welt im Reinen zu sein. Es war ein Bild vollkommener Verbundenheit, das mich sehr berührte und dennoch einen stressigen Gedanken in mir hervorrief.

Er lautete: „Was haben diese Kinder, was wir Erwachsene nicht haben?", und sorgte in mir für ein ungutes Gefühl.

Diese Kinder schienen keinen Hass, keine Ablehnung oder Verurteilung anderer zu kennen, etwas, was auch allen anderen Kindern in diesem Alter fremd ist.

Sie werden noch nicht von ihren stressigen Gedanken beherrscht, sie sind noch ganz Kind. Doch stimmt das auch, haben diese Kinder wirklich etwas, was uns verloren gegangen ist? Ich glaube nicht, dass das wahr ist, denn wir haben nur vergessen, dass in uns ein Kind lebendig ist, das nichts hasst, nichts ablehnt und nichts verurteilt.

Denn die Wahrheit ist: „Auch wir Erwachsene haben das, was Kinder haben", und bedeutet, dass diese Gefühle tiefer Verbundenheit genauso in uns lebendig sind wie in einem Kind, weil sie zu unserer wahren Natur gehören.

Doch diese natürliche Verbundenheit wird von einem stressigen Gedanken überlagert, den wir uns schon seit Kindertagen verinnerlicht haben, als die Gedanken begannen, uns zu beherrschen. Er lautet: „Die anderen wollen mir etwas wegnehmen."

Mit diesem Gedanken hielten wir unser Spielzeug ganz fest und waren unter keinen Umständen bereit, es aus der Hand zu geben.

Doch ist das auch wahr, wollten die anderen mir wirklich mein Spielzeug wegnehmen? Oder wollten sie nur mit mir spielen und es mir dann wieder zurückgeben?

Auch hier gibt es eine andere Wahrheit. Sie lautet: „Keiner will mir etwas wegnehmen", denn alle wollen nur mit mir spielen.

Halte ich mein Spielzeug fest und gebe es nicht mehr her, dann bleibe ich allein zurück und habe keinen mehr, der mit mir spielen will.

Doch das muss ich nicht länger, denn ich kann mir einen neuen Gedanken verinnerlichen. Er lautet: „Die anderen wollen mir etwas geben", und zwar ihre Liebe und Dankbarkeit dafür, dass ich mit ihnen spielen will. Denn dazu sind wir da, um mit anderen unser Leben spielerisch zu teilen und nichts für uns zu behalten.

Wie im Kleinen so funktioniert das Leben im Großen, denn auch noch als Erwachsene halten wir unser „Spielzeug" fest und sind nicht bereit, es aus der Hand zu geben.

Nichts anderes verbirgt sich hinter der Ablehnung vieler Menschen gegenüber dem nicht enden wollenden Flüchtlingsstrom, der sich jetzt über uns ergießt.

Doch was hat das alles mit mir zu tun? Schließlich gibt es in unserer kleinen Stadt kaum welche, sie sind weit weg von mir. Trage ich etwa diese Angst und Ablehnung ebenso in mir und will dies einfach nicht wahrhaben? Verschließe ich meine Augen vor mir selbst, vor dem „Bösen" in mir?

Ich glaube schon, dass es so ist, denn ich werde trotzdem täglich damit konfrontiert.

Ich will es nur nicht wahrhaben, denn schließlich will ich doch nach außen der Gutmensch sein, einer, der Menschen hilft, die in Not geraten sind. Da passen meine innere Angst und Ablehnung nicht zusammen und ich muss aus diesem Grund einen inneren Konflikt erleben. Doch was ist die eigentliche Ursache dieses Konfliktes, weshalb kann ich ihn nicht einfach beenden?

Es ist meine Angst, etwas hergeben zu müssen, was mir ans Herz gewachsen ist, mit dem ich groß geworden bin. Das sind unsere Nationalität, unsere Errungenschaften, unsere Sicherheit.

Diese vielen Menschen, die es jetzt nach Deutschland drängt, machen mir Angst, weil es kein Ende zu nehmen scheint. Werden wir jetzt vollkommen überrannt und bleibt dann für uns kein Platz mehr? Müssen wir damit neue Gewalt und neue Konflikte erleben, womöglich Terroranschläge? Werden vielleicht gewalttätige Ausländer unter ihnen sein?

Diese Ängste und auf der anderen Seite das Mitgefühl für die Flüchtlinge sind es, die diesen inneren Konflikt in mir verursachen.

Doch meine Angst ist vollkommen unbegründet, denn diese Menschen wollen mir nichts nehmen, sondern haben mir etwas zu geben. Und zwar das Bewusstsein und die Dankbarkeit, in einem Land leben zu dürfen, in dem der Mensch nicht an letzter Stelle steht, wo die Unantastbarkeit der Menschenwürde gesetzlich verankert ist.

Genau dies ist der Grund, weshalb es jetzt so viele Menschen nach Deutschland zieht und weshalb sie sich gezwungen fühlen, ihre Heimat zu verlassen. Denn sie müssen den stressigen Gedanken in sich tragen: „Zu Hause finde ich kein Glück."

Damit folgen sie einer großen Lüge, so, wie auch ich diese Erfahrung machen musste, denn die Wahrheit ist: „Nur zu Hause finde ich mein Glück."

Die Kraft, um ihr Leben zu ändern, finden sie nur in sich selbst, indem sie ihrem Herzen und nicht länger ihrem Verstand folgen.

„Nur in mir selbst finde ich mein Glück", das ist die Wahrheit und auch nur so kann dieses Drama ein gutes Ende nehmen und nicht anders. Mit diesen neuen Gedanken ist es uns möglich, auch mit den Menschen, die sich dazu entschließen, hierzubleiben, Frieden zu schließen und sie bei uns willkommen zu heißen.

Denn für jeden ist Platz, um seine Fähigkeiten und Begabungen einzubringen, über die auch ein Ausländer verfügt und nicht nur wir in den Wohlstandsländern. Schließlich sieht es ganz danach aus, dass wir in absehbarer Zeit auf Ausländer angewiesen sein werden, um unseren Wohlstand aufrechterhalten zu können.

„Die Last und die Schuld der Vergangenheit holen uns ein" – mit diesem extrem stressigen Gedanken will keiner etwas zu tun haben, doch umso mehr bekommen wir es jetzt wieder mit ihm zu tun. Denn nichts anderes verbirgt sich hinter der Verurteilung rechtsextremer Gruppen und der Ablehnung vieler Menschen gegenüber den Flüchtlingen.

Doch ist das auch wahr? Sind wir wirklich schuld an unserer Vergangenheit? Sind wir wirklich für alle Gräueltaten dieses unmenschlichen Krieges unserer Vorfahren verantwortlich?

Müssen wir diese Last wirklich tragen?

Dazu möchte ich ein paar Worte zur Vergangenheit meiner und meines Mannes Familie sagen.

Mein Vater stammte aus Schlesien, meine Schwiegereltern aus Reichenberg, dem heutigen Liberec.

Mein Vater war in Kriegsgefangenschaft und mein Schwiegervater auf der Flucht, als es für ihre Frauen von heute auf morgen hieß, ihr müsst raus.

Nur mit dem, was sie auf dem Leibe trugen, mussten sie ihr Zuhause verlassen, meine Schwiegermutter mit sechs Kindern. Mein Mann war zu dieser Zeit noch ein Säugling und mehr tot als lebendig, als sie nach wochenlanger Flucht in Sachsen ankamen.

In einem Dorf nahe Merseburg wurde ihnen eine Bleibe zugewiesen. Doch was sie nicht bekamen, war das Gefühl, willkommen zu sein.

Sie, als verhasste Deutsche, die dafür verantwortlich waren, Millionen von Menschen Tod und Verderben gebracht zu haben, wurden vom Hass aus ihrer alten Heimat vertrieben und Hass empfing sie in ihrer neuen.

Auch aus den Erzählungen vieler anderer, die mir schilderten, wie vor allem auf den Dörfern diese Menschen regelrecht schikaniert und bedroht wurden, wurde mir klar, dass diese Flüchtlinge von ihren eigenen Landsleuten gehasst und dadurch zu Vertriebenen in ihrer eigenen Heimat wurden. Sie waren nur geduldet, aber nicht willkommen.

Dieses Trauma musste sich auch auf ihre Kinder und Enkelkinder übertragen, was sich nun mit voller Wucht auch im Außen zeigt. In rechtsextremen Gruppen, deren jahrelang unterdrückter

Hass sich nun im Hass gegenüber Ausländern entlädt. Denn diese sind in Deutschland willkommen, als Fremde aus einem fernen Land, was sie selbst und ihre Familien in der Vergangenheit nicht waren.

„Fremde sind willkommen, die eigenen Landsleute waren es nicht", lautet der stressige Gedanke, der sie umtreibt, mit dem sie sich Gehör verschaffen wollen und der sie immer lauter und immer fremdenfeindlicher werden lässt.

Doch ist das auch wahr, sind unsere Vorfahren damals wirklich nicht willkommen gewesen, waren die anderen wirklich so brutal, Menschen in größter Not abgewiesen zu haben?

Oder gab es auch hier eine andere Wahrheit?

Der Hass auf die Flüchtlinge damals war real, sie mussten ihn wirklich erleben, das war die Wirklichkeit.

Doch könnte es möglich sein, dass sich dahinter etwas ganz anderes verbarg?

Ich glaube schon, dass es etwas anderes war, denn hinter diesem tiefen Hass und dieser tiefen Ablehnung gegenüber den Flüchtlingen verbargen sich die eigenen Schuldgefühle, diesen erbärmlichen Krieg mitgetragen und damit den Tod von Millionen von Menschen verursacht zu haben.

Sie alle folgten dem extrem stressigen Gedanken: „Wir Deutsche übernehmen die Verantwortung für den Tod von Millionen von Menschen."

Welche Last sie sich damit aufbürdeten, war ihnen nicht bewusst. Sie folgten einer Lüge, denn sie mussten genauso leiden und viele mit ihrem Leben bezahlen wie andere auch.

Auch sie folgten nur den Versprechungen einzelner Menschen, die ihnen ein besseres Leben in Aussicht stellten.

Wie groß muss ihr Entsetzen gewesen sein, als ihnen bewusst wurde, was ihnen da vorgegaukelt wurde, welchen Lügen sie auf den Leim gegangen waren.

Ihre eigenen Väter, Mütter und Kinder schickten sie für eine brutale Lüge in den Tod, sie lautete: „Der totale Krieg bringt uns Wohlstand."

Doch müssen sie und ihre Nachkommen immer weiter mit dieser Lüge leben?

Ich glaube nicht, denn die Wahrheit ist: „Der totale Frieden bringt uns Wohlstand."

Damit ist innerer und äußerer Frieden gemeint, weil nur beide zusammen uns den ersehnten Frieden bringen. Schuldgefühle zerstören ihn. Das Einzige, was uns von ihnen befreit, sind neue Gedanken, die wir uns verinnerlichen.

Denn die Wahrheit ist: „Fremde Schuld ist willkommen, die eigene nicht."

Dies bedeutet, dass die Menschen damals andere brauchten, um ihre eigenen tiefen Schuldgefühle auf sie zu projizieren. Da kamen die Flüchtlinge gerade recht und ihr ganzer Hass und ihre Wut entluden sich auf sie, auf diejenigen, die ihnen ihre eigene Schuld vor Augen halten mussten. Durch sie wurden sie mit der Grausamkeit dieses sinnlosen Krieges, von dem sie glaubten, er wäre vorbei, wieder konfrontiert.

Sie wollten endlich Frieden und nicht ständig an ihre eigenen Schuldgefühle erinnert werden, denn schließlich hieß es ja, die Deutschen wären alle schuld.

Doch ist das auch wahr, sind wir Deutsche wirklich schuld an diesem grausamen Krieg gewesen?

Auch hier gibt es eine andere Wahrheit, sie lautet: „Die Last und die Schuld unserer Gedanken holen uns ein." Dies ist deshalb wahr, weil Schuldgefühle die größte Waffe unseres alten Denkens sind, sie uns extrem belasten und uns daran hindern, frei zu sein, frei von allen Beschränkungen unseres Geistes. Schuld hält uns gefangen, lähmt unsere Kraft und Lebensfreude. Deshalb ist es kein Wunder, dass viele jetzt beginnen, sich gegen diese Last der Schuld zu wehren, aus dem einfachen Grund, weil sie eine Lüge ist.

Wir glauben, indem wir alle Schuld dieses grausamen Krieges auf uns nehmen, könnten wir dies wiedergutmachen. Doch das ist ein großer Irrtum, denn das Gegenteil ist der Fall.

Das Einzige, was wir damit erreichen, ist neuer Hass, neue Gewalt, weil wir uns damit gegen die Wirklichkeit stemmen. Uns frei von jeglicher Schuld zu sprechen, ist aus diesem Grund unabdingbar, um uns von den Lasten der Vergangenheit zu befreien, die uns sonst wieder und wieder einholen wird.

In jedem von uns liegt diese kollektive Schuld begraben, sie verfolgt uns auch noch siebzig Jahre nach Beendigung dieses unmenschlichen Krieges und wird uns auch im Außen ständig aufs Neue bestätigt. Sie wird uns auch weiter immer brutaler verfolgen, solange uns dies nicht bewusst wird, und wir werden immer ohnmächtiger dieser Gewaltspirale gegenüberstehen.

Da helfen kein noch so scharfes Verurteilen der rechten Gruppen und noch mehr Mitleid gegenüber den Flüchtlingen, bevor nicht die wahren Ursachen erkannt werden.

Wir müssen uns einen neuen Gedanken verinnerlichen, er lautet: „Die Leichtigkeit und die Unschuld der Gegenwart holen uns ein", das ist die Wahrheit.

Schuld kann nur in der Vergangenheit existieren und verhindert damit, dass wir in der Gegenwart ankommen, im Hier und Jetzt.

Unser altes Denken lebt von Schuldgefühlen, indem es uns vor Augen hält, was wir alles falsch gemacht und in der Vergangenheit versäumt haben.

Doch wie kann ein Mensch, der jetzt lebt, an der Vergangenheit noch irgendetwas ändern? Das ist einfach nicht möglich. Das Einzige, wozu Schuldgefühle gut sind, ist die Tatsache, dass sie mich zwingen, die Vergangenheit in einem neuen Licht zu betrachten.

Damit meine ich jedoch nicht, die Schrecken dieses grausamen Krieges zu beschönigen. Er war unmenschlich, das ist keine Frage. Schließlich habe ich und mit mir meine ganze Familie noch Jahrzehnte darunter leiden müssen und ich glaube, noch viele andere ebenso, für welche die Schrecken des Krieges auch heute noch nicht vergessen sind.

Was ich jedoch vergessen kann, sind meine Schuldgefühle, die mich in meinem Schmerz gefangen halten und dafür sorgen, dass in mir weiter Krieg herrscht.

„Ich darf die Schrecken des Krieges nicht vergessen", so lautet der stressige Gedanke, der viele Menschen immer noch verfolgt. Doch das stimmt nicht, denn ich darf mich von diesen Schrecken befreien, indem ich meine stressigen Gedanken vergesse, die mich schuldig machen.

Denn auch hier gibt es eine andere Wahrheit. Sie lautet: „Ich darf meine Gedanken vergessen", die Gedanken, welche mir wieder und wieder diese schrecklichen Geschichten eines grausamen Krieges erzählen und dafür sorgen, dass damit der Krieg in mir nie zu Ende geht.

Solange ich mir nicht wirklich bewusst werde, dass auch noch siebzig Jahre nach Kriegsende viele Menschen unter ihren Schuldgefühlen leiden, den Krieg mit verursacht zu haben, werden wir alle „Kriegsgefangene" unserer eigenen, stressigen Gedanken sein.

„Die Schrecken des Krieges darf ich vergessen", das ist die Wahrheit, denn die Wirklichkeit ist Frieden. Frieden in mir und in allem, was ist.

Mit diesem neuen Gedanken kann ich auch meine innere Zerrissenheit beenden, die mich hin und her bewegt zwischen dem Mitgefühl für die Flüchtlinge und der Frage, wo das noch enden soll.

„Ich kann meinen inneren Krieg nicht beenden", lautet der stressige Gedanke, der mir keinen Frieden bringt und jeden Menschen auf der Flucht sein lässt und zu einem Flüchtling macht. Das bedeutet nichts anderes, als dass jeder Mensch, der diesen Gedanken bewusst oder unbewusst in sich trägt, ein Flüchtling ist, auch wenn das Land, aus dem er kommt, kein Kriegsgebiet ist. Sie suchen Frieden und glauben, ihn bei uns zu finden.

Doch ist das auch wirklich wahr, herrscht bei uns wirklich Frieden?

Im Außen schon, doch von innerem Frieden sind wir weit entfernt, solange wir nicht erkennen, dass in uns noch Krieg herrscht.

Mit der Umkehrung können wir uns bewusst machen, dass jeder seinen inneren Krieg beenden darf und damit nicht länger selbst auf der Flucht sein muss.

„Ich darf mit meinem inneren Frieden beginnen", mit diesem neuen Gedanken ist es möglich, dass Frieden einkehrt, zuerst in mir, bevor ich es von anderen erwarten kann.

Hass ist das äußere Antlitz eines inneren Krieges. Je mehr ich diesen verurteile, umso mehr werde ich mit ihm konfrontiert, umso öfter tritt er in mein Leben und umso mehr Kraft muss ich aufwenden, um mich gegen ihn zur Wehr zu setzen.

Bis ich schließlich zu dem werde, was ich zutiefst verurteile – ich beginne, selbst zu hassen.

„Ich muss den Hass bekämpfen", lautet der stressige Gedanke, der mich verfolgt und mir keine Ruhe mehr lässt. Doch ich muss ihm nicht länger folgen, denn es gibt eine andere Wahrheit, sie lautet: „Ich muss den Hass annehmen."

Annehmen bedeutet jedoch nicht, dass ich ihn lieben muss, es bedeutet lediglich, dass ich ihn akzeptiere. Ich kann ihn benutzen, um Hassgefühle in mir, die ich schon lange unterdrückt habe, die noch nicht einmal mit der aktuellen Situation etwas zu tun haben, herauszulassen. Denn es ist mein Hass und nicht der eines anderen, der mir entgegenschlägt, so, wie das Wort schon sagt. Ganz sicher ist es der Hass auf mich selbst, weil ich es zulasse, zu hassen.

„Ich muss mich zwingen lassen, zu hassen", ist ein weiterer stressiger Gedanke, der mich immer wütender auf mich selbst macht und nur eines bewirkt, noch mehr zu hassen.

Das muss ich jedoch nicht länger zulassen, denn ich kann mir einen neuen Gedanken verinnerlichen. Er lautet: „Ich muss mich nicht zwingen lassen, zu hassen", weil es die Wahrheit ist.

Keiner hat die Macht über mich, dass er mich so erniedrigen kann, dass ich beginne, zu hassen, es sei denn, ich gebe ihm die Erlaubnis dafür.

Doch es gibt noch eine andere Wahrheit, sie lautet: „Ich muss mich nicht zwingen lassen, zu lieben." Ohne diesen Druck kann ich mich auch von meinem Hass befreien, weil ich mich auch nicht mehr zwingen muss, zu lieben, sondern kann das annehmen, was ist.

„Fremde und eigene Flüchtlinge sind willkommen" – mit diesem neuen Gedanken kann ich jeden Flüchtling willkommen heißen und muss sie nicht länger abweisen, denn letztendlich habe ich mit meinem Hass nicht nur sie, sondern auch mich selbst und meine Vorfahren abgewiesen.

„Wir Deutsche tragen Verantwortung für das Glück von Millionen von Menschen."

Mit dieser Umkehrung wird uns bewusst, über welches Glück und über welche Möglichkeiten unser reiches Land verfügt, um anderen, ärmeren Ländern hilfreich zur Seite zu stehen und ihnen damit ein menschlicheres Leben zu ermöglichen.

Erste Voraussetzung jedoch ist die Überwindung unserer Schuldgefühle, indem wir unser Herz wieder für uns selbst öffnen. Erst dann können wir es auch für andere tun.

„Wir Deutsche tragen das Los für das Glück von Millionen von Menschen in der Hand."

Mit dieser Umkehrung wird uns bewusst, über welche Kraft des Herzens und welchen Reichtum wir verfügen, mit denen wir zum Vorreiter für alle anderen werden können.

Denn dann können wir aus tiefstem Herzen sagen: „Auferstanden aus Ruinen und der Zukunft zugewandt", wie es in der Nationalhymne der ehemaligen DDR hieß.

„Es war nicht alles schlecht", sagen viele ehemalige DDR-Bürger. Sie haben recht, wir sind auferstanden aus den Ruinen unserer stressigen Gedanken und Glaubenssätze und haben nun die Möglichkeit, uns ein neues Deutschland aufzubauen, eines mit einem menschlichen Antlitz, in dem der Mensch auch Mensch sein darf und Lügen keinen Platz mehr haben.

Bevor ich in die Schule kam, traf ich mich fast täglich mit Mädchen aus meiner Nachbarschaft zum Spielen. Ich war ein sehr zurückhaltendes Kind und wohl aus diesem Grund lieber mit etwas älteren Mädchen zusammen als mit Gleichaltrigen. Sie schienen zu wissen, wo es langging, denn ich brauchte immer jemanden, dem ich folgen konnte.

Oft waren wir im nahe gelegenen „Birkenhain" unterwegs, ein Wald, von großflächigen Wiesen umsäumt. Dort lagen wir im Gras, schauten den Wolken am Himmel zu, kauten Sauerampfer und pflückten Blumensträuße für unsere Mütter.

Schlüsselblumen, Mohnblumen, Kornblumen gab es in Hülle und Fülle, sodass wir sie manchmal gar nicht in unseren kleinen Händen halten konnten.

Diese Zeit war für mich der Inbegriff von Freiheit, von Leichtigkeit und Lebensfreude, denn es gab nichts, was dieses

Glück trüben konnte. Es war genau dieses unbeschreibliche Gefühl von Unbeschwertheit, das ich noch einmal an jenem Abend auf der „Völkerfreundschaft" erlebte. Es war ein Losgelöst-Sein von allen Zwängen und Beschränkungen, ein Gefühl von Wildheit und Freiheit. Keiner schrieb mir irgendetwas vor, keiner ermahnte mich, keiner wies mich auf Fehler und Ungehorsam hin, ich durfte ganz einfach ein unbeschwertes Kind sein. Bis zu dem Zeitpunkt, als es hieß, ich käme in die Schule. „Jetzt beginnt der Ernst des Lebens", hörte ich von allen Seiten und das machte mir große Angst. Durfte ich ab nun nicht mehr glücklich sein, nie mehr dieses einfache und doch so großartige Lebensgefühl erleben, nie wieder dieses Gefühl von unbändiger Lebensfreude, Freiheit und Unbeschwertheit spüren?

Dieser Gedanke war einfach zu schrecklich, als dass er wahr sein konnte. Und doch kam es so, ich war nie wieder aus ganzem Herzen so glücklich und unbeschwert, abgesehen von einigen wenigen Momenten in dieser Zeit.

Meinen Eltern war natürlich nicht entgangen, dass ich am liebsten mit Mädchen zusammen war, die das Kommando über mich hatten. Vor allem mein Vater konnte das nicht länger mit ansehen, sodass er mir einmal sagte, ich würde mir immer die falschen Freunde aussuchen. Doch auch das ist nur die halbe Wahrheit, denn ich merkte zuerst, dass ich bei meinen Freundinnen jedes Mal auf heftigsten Widerstand stieß, wenn ich meine Meinung durchsetzen wollte. Stets erfolglos, denn ich hatte immer das Nachsehen, weil es mir nie gelang.

Seitdem verfestigte sich in mir der Gedanke: „Ich bin zu schwach, um mich durchzusetzen."

Ich glaube, dies war die erste stressige Erfahrung, die ich machen musste und die zur Grundlage für viele weitere stressige Gedanken und Glaubenssätze wurde.

Daraufhin folgte der nächste: „Ich gerate immer an die Falschen", den mir mein Vater vor Augen halten musste.

Doch ist das auch wirklich wahr, habe ich das immer getan, war ich mir selbst so wenig wert?

Es ist eine Lüge, denn wahr ist: „Ich gerate immer an die Richtigen."

Obwohl es auf den ersten Blick nicht den Anschein hat, ist es die Wahrheit, weil jeder in seinem Leben an die gerät, die für seine Entwicklung am wertvollsten sind.

Solange wir jedoch vom Gegenteil überzeugt sind, können wir das nicht erkennen und müssen glauben, dass wir nur Pech mit anderen haben. Dieser stressige Gedanke verfolgt uns unser ganzes Leben, sodass wir auch davon überzeugt sind, stets an den falschen Partner zu geraten, auch wenn es der richtige ist. Machen wir uns diese Lüge bewusst, dann müssen wir nicht länger vom Ernst des Lebens überzeugt sein, sondern können uns einen neuen Gedanken verinnerlichen.

Er lautet: „Jetzt beginnt der Spaß des Lebens." Damit gewinnen wir unsere Freiheit, unsere Lebensfreude und unsere Unbeschwertheit aus Kindertagen wieder zurück.

Auch der Gedanke „Jetzt beginnt das wirkliche Leben" sorgt für dieses großartige Lebensgefühl und lässt uns nicht länger vom Ernst des Lebens überzeugt sein.

„Das Falsche gerät immer an mich", diese Umkehrung hört sich zunächst etwas seltsam an und ist doch die Wahrheit. Es bedeutet nichts anderes, als dass mich das Falsche im Leben aufsucht, damit ich meine falschen Überzeugungen vom Leben richtigstellen kann. Es weist mir quasi die Richtung, in die ich nicht gehen soll. „Das Leben stellt sich quer."

Dieser stressige Gedanke macht uns extrem wütend, weil wir seine wahre Bedeutung nicht erkennen, denn die Wahrheit ist: „Das Leben stellt uns richtig."

Damit ist gemeint, dass uns das vermeintlich Falsche in unserem Leben den Weg weist, von dem wir abgekommen sind und dem wir nun wieder folgen dürfen.

„Wir stellen uns quer" ist noch eine Wahrheit, denn nichts anderes tun wir, wenn wir dem ursprünglichen Gedanken folgen. Wir stellen uns quer, und zwar gegen das Leben, das nur eines will, dass wir glücklich werden. Obwohl dieser Gedanke die Wahrheit ist, empfinden wir ihn als stressig, weil wir nicht sehen wollen, dass wir diejenigen sind, die sich quer stellen, und nicht irgendjemand anders.

Damit kann ich mir noch eine Wahrheit verinnerlichen. Sie lautet: „Ich bin stark genug, um nachzugeben", und zwar dann, wenn ich erkenne, dass es mein Weg ist. Ich konnte ihn jedoch nicht erkennen, weil ich vom Gegenteil überzeugt war, denn ich fühlte mich zu schwach, um ihn auch zu gehen.

Ich erkannte nicht, dass Nachgeben die eigentliche Stärke ist, sondern empfand es als Schwäche, die mich auch in dem Glauben ließ, zu schwach zu sein, um an meinem Leben irgendetwas ändern zu können.

In der Anfangsphase, als ich mit „The Work" begann, hatte ich oftmals große Zweifel, ob das alles nicht nur Humbug sei, was ich da mache. Es änderte sich ja zunächst nichts in meinem Leben, oftmals wurde es noch schlimmer.

Später suchte ich nach dem Glaubenssatz und wurde auch fündig, er lautete: „Alles soll so bleiben, wie es ist."

Nach einer Überprüfung wurde mir klar, dass ich mit diesem unbewussten Glaubenssatz gar keine Veränderungen wollte. Sobald ich ansetzte, um den entscheidenden Schritt zu machen, hielt mich dieser Gedanke wie ein Magnet zurück und alles blieb beim Alten.

In Wahrheit fürchtete ich mich also vor Veränderungen in meinem Leben, alles Neue, Unbekannte machte mir Angst. Da blieb ich lieber beim Alten, Vertrauten, da musste ich keinerlei Risiko eingehen, auch wenn ich nicht glücklich damit war.

Dieser Gedanke zeigt, dass mein bewusstes Wollen nicht funktionieren kann, solange in meinem Unterbewusstsein ein Gedanke rumgeistert, der das gar nicht will.

Erst wenn ich mir das bewusst mache, kann mich dieser Glaubenssatz verlassen und ich kann mit einer Umkehrung eine neue Einstellung zum Leben bekommen. Dann wird daraus: „Nichts soll so bleiben, wie es ist."

Werde ich mir dessen bewusst, eröffnen sich mir damit ungeahnte Möglichkeiten, mein Leben in eine ganz andere Richtung zu führen als bisher, als ich noch glaubte, an meinem Leben nichts ändern zu können.

Meine Mutter war schon krank, als ich noch ein kleines Mädchen war.

Später, als ich dann eine eigene Familie hatte, baute sie immer mehr ab und wurde zum Pflegefall.

Wie groß diese Belastung nicht nur für mich, sondern auch für meine Familie war, habe ich schon beschrieben.

Seitdem verfolgt mich der Gedanke: „Ich möchte niemals meiner Familie zur Last fallen." Das wollte ich meiner Familie unter keinen Umständen zumuten, niemals würde ich ihnen solch eine Last aufbürden wollen, wie ich sie erlebte.

Mit dieser Angst jedoch falle ich mir selbst zur Last. Damit kann ich das Leben im Hier und Jetzt nicht genießen, lebe mit ihr in der Zukunft und mache mir Sorgen um etwas, von dem ich gar nicht wissen kann, ob es überhaupt eintrifft.

Nicht umsonst sagt man zu solch einer negativen Prophezeiung: „Beschrei es nicht."

Die einzige Daseinsberechtigung meiner Angst ist die im gegenwärtigen Augenblick, wenn sie mich z. B. davor warnt, die Straße zu überqueren, wenn sich ein Auto in hohem Tempo nähert. Da ist sie gut und kann mir sogar das Leben retten. Doch bei allem, was die Zukunft betrifft, ist sie für mich extrem hinderlich.

Wenn ich mir sage, ich habe Angst davor, ein Pflegefall zu werden, dann tue ich alles, um mich dagegen abzusichern, damit ich für diesen Fall vorgesorgt habe. Das bedeutet nichts anderes, als dass ich schon fest damit rechne, irgendwann nicht mehr Herr meiner Sinne, sondern auf Hilfe angewiesen zu sein.

Damit mache ich mich jedoch jetzt schon zum Pflegefall. Ich pflege nämlich meine Angst, und je öfter ich mir das in allen Schreckensszenarien ausmale, umso größer ist die Wahrscheinlichkeit, dass es auch so eintritt.

Mit meiner Angst kann ich nicht im Hier und Jetzt leben, da, wo das Leben wirklich abläuft, denn mit ihr lebe ich in der Zukunft.

Ich kann jedoch nur im gegenwärtigen Augenblick etwas verändern und nichts daran, was irgendwann einmal sein wird. Richte ich meine ganze Aufmerksamkeit auf die Gegenwart, dann hat meine Angst keine Chance mehr, mir das Leben schwer zu machen, weil Angst nur in der Gegenwart existieren kann.

Denn in dem Moment, wo ich mir sage, ich habe Angst, ein Pflegefall zu werden, ist rein gar nichts passiert, außer dass ich diesen stressigen Gedanken habe.

Die Wahrheit jedoch ist, dass ich in diesem Moment bei vollem Bewusstsein bin, ich sitze lediglich da und habe Angst. Doch genau da kann ich etwas verändern.

Ich kann meine Angst zulassen und mich fragen, was will meine Angst mir sagen, welcher stressige Gedanke verbirgt sich dahinter?

Dann kann ich die Wahrheit erfahren und die Wahrheit ist, Angst ist einzig und allein eine Illusion unserer Gedanken und hat nur so lange Macht über uns, solange wir in der Zukunft leben und nicht im Hier und Jetzt.

Indem ich mir in allen möglichen Varianten ausmale, was alles passieren kann, hat meine Angst mich voll im Griff und macht es mir damit unmöglich, die Wahrheit zu erkennen. Das heißt, in der Zukunft gibt es keine Angst, weil die Zukunft noch gar nicht existiert. Wie kann etwas existieren, was es noch nicht gibt?

Mit der Umkehrung erfahre ich noch eine Wahrheit, sie lautet: „Ich möchte niemals mir selbst zur Last fallen", denn das tue ich, wenn meine Angst mich voll im Griff hat.

„Ich möchte mich und meine Familie entlasten" – ist das, was ich will, weil ich mich damit nicht länger von meinen stressigen Gedanken beherrschen lasse, sondern mich von ihnen befreien kann.

Auch meine Mutter hatte eine besondere Begabung, sie konnte wunderbare Sachen nähen. Aus alten Stoffresten zauberte sie uns Kindern Kleidung, die von allen bewundert wurde.

Ich erinnere mich an ein himmelblaues Taftkleid, das im Rücken zu einer großen Schleife gebunden wurde, und wie ich mich selbstverliebt vor dem Spiegel drehte, so sehr gefiel ich mir darin.

Das ging allerdings nur so lange, bis ich in die Pubertät kam. Von da an war es vorbei mit meiner Freude über das selbst Geschneiderte meiner Mutter, denn der Minirock hielt Einzug in der Modewelt.

Sehr zum Leidwesen meiner Mutter, denn die Röcke wurden immer kürzer und ihr Gesicht immer länger, wenn ich daran ging, meine Röcke selber zu kürzen. Schließlich wollte ich den anderen Mädchen nicht nachstehen und als altbacken gelten, sondern einfach nur dazugehören und mich gut fühlen.

Doch innerlich fühlte ich mich auch undankbar, wenn meine Mutter mir etwas nähte und ich es nicht anzog oder es veränderte.

Je mehr meine Mutter mich davon überzeugen wollte, wie gut ich darin aussähe, umso weniger glaubte ich ihr. Mein unbewusster Glaubenssatz seitdem lautete: „Ich bin nicht mehr die Tochter, die ich früher war."

Mit dieser inneren Überzeugung musste ich mich auch entsprechend verhalten, um dem gerecht zu werden. Die Auseinandersetzungen mit meiner Mutter wurden immer krasser und wir beide fühlten uns immer schlechter dabei. Deshalb warf mir meine Mutter irgendwann vor lauter Verzweiflung an den Kopf: „Sag, dass du nicht meine Tochter bist!"

Auch hier musste ich im Außen erleben, wovon ich innerlich schon lange überzeugt war.

Diese Aussage meiner Mutter traf mich deshalb so stark, weil dieser Schmerz schon lange vorher laut meinem Glaubenssatz in mir war und sie ihn lediglich aussprach.

Mit diesem Satz meiner Mutter – und ich glaube, den haben schon viele Kinder zu hören bekommen – erfuhr ich jetzt von ihr selbst, was ich schon lange vermutet hatte. Meine wirkliche Mutter musste mich weggegeben haben, weil sie mich nicht wollte.

Ich musste schon als Baby ausgesetzt worden sein und hatte nur aus Mitleid eine neue Familie gefunden. Dieser schreckliche Gedanke ließ meine Angst immer neue Blüten treiben, bis ich zu der festen Überzeugung gelangte, für mich sei keine Strafe hoch genug.

Ich könne froh sein, als Findelkind überhaupt eine neue Familie gefunden zu haben.

So kann eine unbedachte Äußerung eines Elternteils dafür sorgen, dass ein Kind bereit ist, alles auf sich zu nehmen, um eine gerechte Strafe zu bekommen, nur um in seiner Familie bleiben zu können.

Die Angst, dass meine Eltern mich aus diesem Grund wieder weggeben könnten, trieb mich immer weiter an und ließ meiner Fantasie freien Lauf. Nicht zuletzt sorgte das Märchen von Hänsel und Gretel dafür, meine Ängste anzustacheln.

Die Märchen spielen nach meiner Überzeugung eine wichtige Rolle, um den Kindern Ängste zu nehmen und nicht noch zu schüren, wie es viele Eltern getan haben. Denn in jedem Märchen gibt es ein gutes Ende, indem das Böse überwunden wird.

Ein Kind kann eine sehr behütete Kindheit haben, die Eltern können es noch so gut meinen, doch sobald ein zerstörerischer Gedanke im Kopf eines Kindes rumgeistert, lebt das Kind in einer selbst erschaffenen Hölle und erlebt diese als die Wirklichkeit.

Laut meinem Glaubenssatz musste ich mir ja immer wieder selbst beweisen, dass ich nicht mehr das liebenswerte, dankbare Kind war, musste zwangsläufig ständig für stressige Situationen sorgen, die das auch belegten.

Die Umkehrung ergab: „Ich bin die Tochter, die ich früher war." Das ist wahr, denn damit erlaube ich mir selbst, wieder zu dem zu werden, was ich früher war – ein Kind voller Liebe und Unschuld, das nur lieben wollte und nichts anderes.

Meine größte Verzweiflung ist gewesen, dass ich es nicht geschafft habe, meine Familie glücklich zu machen. Wie sollte das auch gehen mit dieser tiefen Überzeugung, nicht mehr die Tochter von früher zu sein, die ihre Eltern bedingungslos liebte.

Deshalb wollte ich für mich die Höchststrafe, um meine Eltern leiden zu sehen.

Schon immer war es bei mir so: Wenn ich in den Spiegel schaute und ich gefiel mir, weil die Frisur saß und ich auch sonst mit meinem Äußeren einigermaßen zufrieden war, fühlte ich mich viel besser als an den Tagen, wo ich mir überhaupt nicht gefiel.

Dafür verurteilte ich mich zutiefst. Wie kannst du nur so oberflächlich sein, der Wert eines Menschen hängt doch nicht von seinem Äußeren ab. Doch all das half nichts, ich fühlte mich weiter nicht gut drauf, wenn ich fand, heute siehst du furchtbar aus.

Meine Überprüfung brachte es ans Licht. „Ich bekomme nur Aufmerksamkeit, wenn ich gut aussehe."

Schon damals, als ich mir noch in den Kleidern gefiel, die mir meine Mutter nähte, fühlte ich mich von ihr geliebt, weil sie mich bewunderte. Doch als ich dann anfing, meinen eigenen Stil zu finden, war es mit der Bewunderung meiner Mutter vorbei, ich fühlte mich abgelehnt, nicht mehr geliebt. So entstand in der Folge dieser Glaubenssatz und daran wurde ich jedes Mal erinnert, sobald ich mir eingestand, heute siehst du gar nicht gut aus. Ich fühlte mich dementsprechend schlecht.

Letztendlich galt die Bewunderung meiner Mutter auch nicht mir selbst, sondern der Tatsache, dass sie stolz auf ihre Leistung war, weil ich ihr darin gefiel. Denn dass sie Talent zum Nähen hatte, war für mich klar, ich hatte da keinerlei Anteil daran. Ich hatte ja nichts Besonderes geleistet, ich trug lediglich ihre genähten Sachen, auch wenn ich diese anfangs sehr mochte.

Umso mehr litt ich dann später darunter, dass sie mich ablehnte, weil ich meine Röcke selber kürzen wollte. Damit fühlte ich mich darin bestätigt, ich hätte von nichts eine Ahnung, denn meine Änderungen sahen dementsprechend aus. Infolgedessen war für mich klar: „Meine Mutter kann alles und ich nichts." Damit sank mein Selbstwertgefühl gegen null und das verfestigte sich immer mehr.

Erst jetzt kann ich mir die Umkehrung verinnerlichen: „Meine Mutter und ich können etwas." Das bedeutet nichts anderes, als dass jeder seine eigene Begabung hat, auf die er stolz sein kann, und ich keinen Grund mehr habe, an mir zu zweifeln.

Ich glaube, dass viele Töchter sich für viel unfähiger als ihre Mütter halten und ebenso Jungen, die glauben, ihrem Vater nicht das Wasser reichen zu können, wie man so sagt.

Doch ihnen ist nicht bewusst, dass sie damit einer großen Lüge folgen. Denn die Wahrheit ist, sie sind genauso fähig, ihr Leben auf ihre Art zu meistern, und müssen ihre Talente und Begabungen nicht länger unter den Scheffel stellen.

Auch wenn meine Mutter nicht mehr lebt, so war dieser stressige Gedanke in mir noch sehr lange lebendig und zeigt, wie wichtig es ist, sich von alten Beschränkungen zu befreien.

Die folgende Umkehrung lautet somit: „Ich bekomme nicht nur Aufmerksamkeit, wenn ich gut aussehe", und das ist für mich wahr. Mit einem schönen Gesicht und einem perfekten Körper allein habe ich den Menschen nichts zu geben. Ich bekomme Aufmerksamkeit, wenn ich mein Herz für sie öffne, wenn ich Mitgefühl habe und mich mit ihnen verbunden fühle. Wenn ich glaube, dass es in allen Menschen einen göttlichen Kern gibt, und wenn ich verstehe, dass alles Leid und aller Schmerz lediglich eine Illusion unserer ungeprüften, stressigen Gedanken sind.

Deshalb lautet meine neue Lebenseinstellung: „Die Aufmerksamkeit, die ich will, hat mit meinem Aussehen nichts zu tun", und ich muss mich nicht mehr zwingend schlecht fühlen, wenn ich mit meinem Spiegelbild mal nicht zufrieden bin.

Viele Menschen geben ihren Eltern die Schuld, wenn in ihrem Leben manches schiefläuft, weil sie den stressigen Gedanken in sich tragen: „Mir erzählt ja keiner was", und der Meinung sind, ihre Eltern hätten sie nicht genug über das Leben aufgeklärt. Sie fühlen sich übergangen und nicht für voll genommen. Sie sagen sich, ich bin ja nur ein Kind, das nichts zu melden hat. Doch ist das wahr, erzählt ihm wirklich keiner etwas?

Ich glaube nicht, denn mit diesem Gedanken glauben sie nur, nichts erzählt bekommen zu haben. Denn oft genug haben ihre Eltern gesagt: „Nie kannst du hören." Wie sollen sie demzufolge auch etwas erzählen können?

Nichts gehört zu haben bedeutet also, nichts erzählt bekommen zu haben.

Infolgedessen entsteht beim Kind dieser stressige Gedanke: Mir erzählt ja keiner was.

Ein Kind nimmt alles für bare Münze, was ihm seine Eltern erzählen. Was soll es auch anders tun, auf wen soll es sonst hören?

Mit den Umkehrungen kehren wir zur Wahrheit zurück, denn „ich kann hören" und „ich kann erzählen".

Auch mir war dies nicht bewusst, als unsere Kinder noch klein waren, und ich benutzte dieselben Worte. Nicht ahnend, dass ich meine Kinder damit indirekt aufforderte, nicht zu hören. Schon allein eine andere Formulierung hätte weniger Stress für mich und meine Kinder bedeutet. „Ich möchte, dass du auf mich hörst", ist eine klare Ansage, die jedes Kind versteht und besser befolgen kann, als wenn ich lediglich den Ist-Zustand beschreibe: „Nie kannst du hören." Diese Missverständnisse zwischen Eltern und Kindern sorgen für ständigen Stress. Sie beruhen lediglich auf einer falschen Formulierung und werden dennoch von einer Generation zur nächsten weitergegeben.

Mit der Umkehrung können wir damit Schluss machen. „Mir erzählen alle etwas", bedeutet somit, dass ich auch hören kann.

„Dir wird schon noch Hören und Sehen vergehen!" Wer kennt nicht diese Drohung aus seiner Kindheit. Völlig überforderte Eltern gebrauchten sie, wenn wir nicht auf sie hören wollten.

Doch damit erreichten sie das Gegenteil von dem, was sie wollten. Es bedeutet nichts anderes, als dass ich dafür bestraft werde, weil ich nicht hören und sehen kann, doch beides soll uns ja auf „Wunsch" unserer Eltern vergehen. Diesen „Gefallen" müssen wir unseren Eltern tun, weil wir gar nicht anders können, schließlich wollen wir auf sie hören.

Mit den Umkehrungen können wir uns bewusst machen, wie irrsinnig dieser Gedanke ist. Denn uns ist das Hören und Sehen nicht vergangen, sondern wir haben Hören und Sehen wiedererlangt, weil es die Wahrheit ist. Jahrelang waren wir davon überzeugt, „du wirst schon noch deine gerechte Strafe bekommen", sodass wir vor lauter Angst genau das taten, was wir eigentlich nicht tun sollten, wir hörten und sahen nichts mehr.

Diese stressigen Situationen mussten sich daraufhin weiter hochschaukeln, bis unsere Eltern sich fragten, ob das wirklich noch ihr kleines, liebenswertes Kind sei.

Ihre Prophezeiung, dass wir unsere gerechte Strafe bekommen würden, hat sich somit erfüllt, denn wir hörten und sahen nichts mehr.

„Ich bin gestraft mit diesem Kind", lautet ihre Schlussfolgerung. Erst mit der Umkehrung können wir uns und unsere Eltern davon befreien. Sie lautet: „Ich bin gesegnet mit diesem Kind."

Dieser Gedanke ist die Wahrheit, denn Kinder sind für uns ein Geschenk des Himmels.

Durch sie werden wir uns wieder bewusst, woher wir kommen und wer wir wirklich sind. Auch wir als Eltern folgten den stressigen Gedanken unserer Eltern, weil wir sie ungeprüft übernommen hatten und sie für die Wahrheit hielten.

Doch das müssen wir nicht länger, denn wir erinnern uns wieder daran, dass wir hören und sehen können.

Damit können wir einer weiteren Wahrheit folgen. „Wir werden unser Recht bekommen." Das bedeutet nichts anderes, als dass wir frei sind von allen Beschränkungen unseres alten Denkens, das uns einreden will, ein böses Kind zu sein, weil wir nicht auf unsere Eltern gehört haben.

Dieser Lüge müssen wir nicht länger folgen, weil wir schließlich genau das taten, was sie von uns verlangten. Doch sie konnten es selbst nicht hören und nicht sehen, weil sie diesen stressigen Gedanken schon lange vor uns in sich trugen.

„Unsere Eltern können nicht hören und nicht sehen", das ist die Wahrheit, weil sie das Geschenk, das wir als Kinder ihnen machen wollten, nicht sahen und auch nicht hören konnten, was wir ihnen zu sagen hatten.

Doch es gibt noch eine Wahrheit, sie lautet: „Unsere Eltern und wir können hören und sehen." Mit dieser Umkehrung befreien wir uns selbst und unsere Eltern von einer Lüge, weil dies die Realität ist.

Es ist ein kalter, ungemütlicher Novembertag. Deshalb mache ich es mir auf meiner Couch bequem und blättere in einer Zeitschrift. Im Kamin prasselt das Feuer und ich fühle mich rundum wohl, als mich urplötzlich Schmerzen in meinem Rücken überfallen.

Ich frage mich: Was soll das denn jetzt, ich habe doch nichts schwer gehoben oder mich irgendwie übernommen?

Doch dann fällt mir ein, dass in der Zeitschrift auf mehreren Seiten Tipps für eine vorweihnachtliche Dekoration der Wohnung dargestellt waren. Auch hatte ich kurz vorher in einem Reklameprospekt gelesen, dass es nur eine Zeit im Jahr gebe, die hell erstrahle, nämlich Weihnachten.

Das alles rief mir in Erinnerung, wie das Weihnachtsfest in den letzten Jahren bei mir abgelaufen war. All der Stress und der Druck, den ich mir selbst machte, ließen jedes Weihnachtsfest für mich nicht zu einem Fest der Freude und Besinnlichkeit werden, sondern zu einem Fest des Stresses und des Druckes. Schon allein der Gedanke daran verursachte bei mir diese Rückenschmerzen. Was tat ich nicht alles, damit es meiner Familie gut bei mir ging. Oberstes Gebot war ja, alles so harmonisch wie möglich ablaufen zu lassen. Keinerlei Unstimmigkeiten oder gar Streitereien sollten aufkommen.

Wie sah die Realität aus? Es gab Unstimmigkeiten und Streitereien und das nicht zu knapp. Wieder musste eine Überprüfung her. Heraus kam: „Harmonie in der Familie ist das Wichtigste in meinem Leben." Dieser Glaubenssatz war es also, der jedes Weihnachtsfest für mich zu einem Fest des Stresses und des Druckes werden ließ. Da wunderte es mich nicht mehr, dass allein der Gedanke daran bei mir diese Rückenschmerzen verursachte.

Wie sollte ich so etwas schaffen, solange in mir selbst keine Harmonie herrschte und schon der Gedanke daran mir Druck und Stress bereitete. Mit diesem Gedanken ist mir das einfach unmöglich.

Erst mit der Umkehrung kann das Fest wieder zu dem werden, was es sein soll, ein Fest der Freude, der Besinnung und tiefen Verbundenheit.

Sie lautet: „Harmonie in mir selbst ist das Wichtigste in meinem Leben." Denn sie kann mir keiner nehmen, weil sie dann in mir ist. Freude, Besinnung und Verbundenheit können sich nur einstellen, wenn ich jeglichen Druck herausnehme, denn unter Druck muss alles zurückweichen. Das verhält sich genauso wie mit der Liebe, entweder sie ist da oder nicht, erzwingen lässt sie sich nicht.

Mit diesem neuen Glaubenssatz fühle ich mich rundum wohl und geborgen, denn nichts und niemand kann mir diese Harmonie nehmen, weil sie in mir ist.

Deshalb lasse ich diese Umkehrung auch zu einem neuen Glaubenssatz werden. Dann gibt es nicht nur eine Zeit im Jahr, die hell erstrahlt, obwohl es draußen dunkel ist.

Doch es gibt einen Unterschied zwischen Druck machen und Druck bekommen.

Mache ich Druck, dann muss alles vor mir zurückweichen, bekomme ich dagegen Druck, dann bedeutet er ein Geschenk für mich, weil mir der nötige Antrieb fehlt, um mich aus meiner Komfortzone herauszulocken. Dann kann ich auch mit dem stressigen Gedanken Schluss machen, der lautet: „Ich lasse mich nicht unter Druck setzen." Stattdessen kann ich mir einen neuen Gedanken verinnerlichen: „Ich lasse mich unter Druck setzen."

Somit kann ich den ursprünglichen, stressigen Gedanken für mich in positive Energie umwandeln und endlich in Bewegung kommen.

Aus diesem Grund nehme ich noch einem stressigen Gedanken jede Kraft, weil ich ihm nicht länger folge. „Ich bin doch nicht so blöd, mich unter Druck setzen zu lassen", denn das bin ich, solange ich ihn für die Wahrheit halte und ihm folge.

Die Umkehrung hört sich zunächst etwas seltsam an. „Ich bin so blöd, mich unter Druck setzen zu lassen." Dennoch ist sie die Wahrheit, weil ich meinen Verstand dabei außen vor lasse. Für diesen gibt es nichts Schlimmeres, als für blöd erklärt zu werden, denn schließlich will er ja „nicht für dumm verkauft werden".

Doch das tue ich nur dem Anschein nach. In Wirklichkeit ist das sehr klug, denn ich nutze die Anschubkraft eines anderen, um selbst in Bewegung zu kommen. Deshalb lasse ich mich durch Druck von außen in Wirklichkeit „teuer verkaufen" und es kommt lediglich dem anderen „teuer zu stehen", weil er diesen Druck gemacht hat. Denn jeglicher Druck, den jemand macht, kostet Energie und bringt ihn nicht weiter. Allein diese Tatsachen sind es wert, mich „für dumm verkaufen zu lassen".

Dieser Druck, von dem ich glaube, dass mir ihn andere machen, bedeutet ebenso eine Aufforderung an mich, dies zu überprüfen. Denn in Wahrheit sind es meine Befürchtungen, die mich glauben lassen, anderen gehe es nur darum, mich zu traktieren. Sie lassen mir keine andere Wahl und verhindern damit, dass ich die Wahrheit erkenne.

Mit dem stressigen Gedanken haben sie mich voll im Griff. Er lautet: „Nur unter Druck bringe ich Leistung." Eine große Lüge, denn „nur ohne Druck bringe ich Leistung" und das ist die Wahrheit. Alles, was es braucht, ist die Herausnahme jeglichen Druckes, den ich mir selbst mache, der mich bis zur Erschöpfung antreibt, und nicht der eines anderen.

Meine Wut gegen „Antreiber" richtet sich somit gegen mich selbst, gegen meine eigene Ausbeutung und hat mit einem anderen nichts zu tun. Erst mit meiner Bewusstwerdung komme ich aus diesem Hamsterrad heraus, weil ich den wahren „Antreiber" in mir erkenne und ihm das Handwerk legen kann.

„Nur ohne Druck komme ich in Bewegung" bedeutet, dass ich mit diesem neuen Gedanken endlich beginnen kann, an meinem Leben etwas zu ändern, was ich unter Druck niemals kann.

Dann kann ich auch im Außen mit meinem „Antreiber" Frieden schließen, denn letztendlich hat er mir geholfen, meinen inneren zu entlarven, und ich kann einem neuen Gedanken folgen. „Ohne Druck komme ich zu Frieden mit mir."

Seit ich denken kann, hatte mein Vater eine tiefe Abneigung gegen die Kirche. Das kam nicht von ungefähr, denn viele teilten damals (wie auch heute) den stressigen Glaubenssatz: „Sie predigen Wasser und trinken Wein." Damit musste er sich verhöhnt vorkommen, denn wie kann jemand glaubhaft sein, wenn er selbst nicht so lebt, wie er predigt.

Als ich dann in die Christenlehre ging und zum ersten Mal von Gottes Gericht hörte, dass er alle Menschen bestrafen würde, die über ihn lästerten, überfiel mich panische Angst um meine Familie, denn Gott und Kirche waren für mich als Kind ein und dasselbe.

Um dem zu entgehen, wollte ich Buße tun und glaubte, dies mit meiner Bereitschaft zu erreichen, für sie zu büßen. Eine folgenschwere Entscheidung, denn mir war nicht bewusst, was ich mir damit aufbürdete.

Der stressige Gedanke dazu lautete: „Ich muss für meine Familie büßen", und sorgte dafür, dass ich in panischer Angst alles Leid meiner Familie mir allein aufbürden wollte. Dass ich damit einer großen Lüge folgte, war mir nicht bewusst mit diesem stressigen Gedanken, der mich voll im Griff hatte und mich in meiner Lebensfreude enorm behinderte.

Die Wahrheit ist natürlich eine ganz andere, sie lautet: „Ich muss nicht für meine Familie büßen", denn das tut Gott für uns, sobald wir dies erkennen und uns nicht länger vor seiner Strafe fürchten.

Mit der Umkehrung kann ich mich von dem ursprünglichen, stressigen Gedanken befreien. „Ich predige Wein und trinke Wein." Damit spreche ich allen das gleiche Recht zu, einschließlich mir selbst.

Alles Unbewusste hat deshalb nur so lange Macht über uns, solange es unbewusst bleibt.

Erst wenn es in mein Bewusstsein gelangt und ich mir klar werde, was ich für die Wirklichkeit gehalten habe, obwohl es eine Lüge ist, verliert es seine Macht und nicht eher.

Somit kann ich auch noch einem neuen Gedanken folgen: „Ich predige nicht, ich trinke Wein." Das ist ebenso Wahrheit.

Was nützt die beste Predigt, wenn ich sie selbst nicht befolge und stattdessen nur mit erhobenem Zeigefinger herumlaufe, das darfst du, das darfst du nicht, und wohlmeinende Ratschläge verteile. Dabei sind meine guten Ratschläge nur dann gut, wenn ich sie zuerst selbst befolge.

Nicht nur einmal erwischte ich mich beim Schreiben dabei, wie mich meine theoretischen Erkenntnisse überholten, weil sie mir einfach voraus waren und ich ihnen so schnell nicht folgen konnte. Immer wieder kam ich stressigen Gedanken auf die Schliche, von denen ich nicht die leiseste Ahnung hatte. Manches Mal verzweifelte ich fast, weil sich an einer stressigen Situation einfach nichts änderte. Deshalb dient mein Buch vor allem mir selbst, nur dann kann ich auch anderen damit dienen.

Viele sprechen vom Problem der Alkohol- oder Drogenabhängigkeit, doch niemand von der „Droge" Schmerz. So konnte sie unerkannt ihr Unwesen in mir treiben und ich glaube, nicht nur in mir.

Deshalb glaube ich auch, dass Alkohol- oder Drogenabhängigkeit nur dazu dient, den Schmerz zu betäuben, den diese Menschen in sich haben. Denn kein Mensch, der schmerzfrei ist, braucht ein Betäubungsmittel. Er kann Alkohol trinken, ohne süchtig danach zu werden.

Auch die Aussage „Alkoholsucht erzeugt Depressionen" ist falsch, denn die Wahrheit ist: „Mein Denken erzeugt Depressionen" und „Depressionen erzeugen Alkoholsucht".

Die allgemeine Meinung zum Thema Alkohol läuft genau in die falsche Richtung. Damit kann die Sucht nicht dauerhaft geheilt werden. Jeder, der von dieser Lüge überzeugt ist, wird immer wieder damit konfrontiert werden. Die Therapie bleibt erfolglos.

Ich weiß, dass ich damit viele Thesen auf den Kopf stelle und mich manch einer als viel zu nachsichtig gegenüber Alkoholikern bezeichnen wird. Denn bis jetzt gilt nur die gnadenlose Forderung nach Abstinenz als die erfolgreichste Therapie eines Alkoholikers.

Doch damit wird niemals die wahre Ursache aufgedeckt und es ist nur eine Frage der Zeit, wann sich diese Sucht zurückmeldet. Manch einem gelingt es, doch dafür beschafft er sich eine andere Droge, um seinen immer noch vorhandenen Schmerz zu betäuben.

Diese andere Droge ist zum Beispiel übermäßiger Sport oder andere Freizeitaktivitäten, mit denen man seinen Schmerz betäuben will, so, wie ich es schon beschrieben habe. Süchtig ist man dann genauso.

Damit tue ich nichts anderes, als meinen alten Schmerz mit neuem zu betäuben, ein verhängnisvoller Kreislauf, dem ich nur durch meine Bewusstwerdung entkommen kann.

Ich darf mir noch einer Wahrheit bewusst werden und sie lautet: „Alkohol erzeugt die Wahrheit." Denn nicht umsonst sagt man, Kinder und Betrunkene erzählen die Wahrheit. Doch das soll nicht heißen, dass sie nur dummes Zeug erzählen, sondern dass ihr Verstand dabei ausgeschaltet wird und sie die ungeschminkte Wahrheit sagen, ohne Rücksicht, was andere von ihnen denken könnten.

Nur aus diesem Grund erzeugt Alkohol die Wahrheit, auch wenn es für den Betroffenen immer selbstzerstörerischer wird, da mit dem Nüchternwerden das ganze Ausmaß seines Schmerzes wieder da ist und er gezwungen ist, sich wieder und wieder zu betäuben.

Auch hier helfen weder Verurteilung noch knallharte Therapien. Das Einzige, was hilft, ist die Wahrheit. Sie allein kann ihn aus diesem Teufelskreis der Lügen herausholen und ihn von seiner Abhängigkeit befreien.

Ich darf mir bewusst werden, dass ich den Alkohol missbrauche und nicht er mich, indem ich ihn als Schmerzmittel benutze. Auch hier bedeutet die Wahrheit, dass Alkohol an sich weder gut noch schlecht ist, es liegt nur an mir selbst, ob ich ihn verteufele oder nicht.

Lehne ich ihn zutiefst ab, werde ich wieder und wieder in irgendeiner negativen Form damit konfrontiert werden.

Das muss nicht einmal ich selbst sein, der mit übermäßigem Alkoholkonsum sein Leben in die falschen Bahnen lenkt, sondern meist sind es nahe Angehörige, die einem die eigene „Abhängigkeit" vom Alkohol vor Augen halten, auch wenn man selbst keinen trinkt.

Denn letztendlich ist nicht nur der Alkoholiker vom Alkohol abhängig, sondern derjenige, der ihn verurteilt, ist es ebenso.

Der Alkohol hat auch ihn fest im Griff, seine Gedanken kreisen nur um die Frage: Wie kann ich dem anderen seinen Alkoholmissbrauch abgewöhnen? Ein verhängnisvoller Kreislauf, weil kein Mensch einem anderen seinen Schmerz nehmen kann, wie ich es schon beschrieben habe. Nur der Alkoholiker selbst hat die Kraft, sich seinem Schmerz zu stellen, indem er ihn sich bewusst macht. Denn dieser Schmerz, den er in sich spürt, ist lediglich eine Illusion seines alten Denkens, weil er dem Gedanken folgt: „Ich muss Alkohol trinken", um ihn zu betäuben. Doch das muss er nicht, denn indem er sich klar wird, dass unser aller natürlicher Seinszustand ein schmerzfreies Leben ist, entzieht er seinem Körper die „Droge" Schmerz. Dies kann ich, indem ich mir neue Gedanken verinnerliche. Sie lauten: „Ich muss keinen Alkohol trinken" und „Ich darf Alkohol trinken".

Jeder Druck, den ich mir selbst mache, führt mich wieder in die Abhängigkeit, so, wie es schon als kleines Kind war. Alles Verbotene wurde erst durch das Verbot interessant.

„Ich muss das Verbot befolgen", lautete der stressige Gedanke, der jedoch nur eines bewirkte, nämlich dass ich mich schuldig fühlte, weil es mir nicht gelang.

Dies gelingt mir erst mit der Umkehrung: „Ich darf das Verbot befolgen."

Damit bekomme ich die Möglichkeit, mich von jeglicher Abhängigkeit zu distanzieren, weil ich mich damit nicht länger selbst unter Druck setzen muss, um mich vom Alkoholmissbrauch zu befreien.

Schon immer fühlte ich ein unbestimmtes, ablehnendes Gefühl in mir, wenn jemand behauptete, jeder, der regelmäßig ein Gläschen Alkohol trinke, sei bereits Alkoholiker.

Diese Aussage erzeugte in mir tiefen Widerstand, weil ich selbst gern ein Glas Wein oder auch mal ein Glas Bier trank.

Ich sollte demnach eine Alkoholikerin sein, eine, die vom Alkohol bereits abhängig ist?

Das durfte einfach nicht sein und ich widersprach regelmäßig heftig, sobald mir jemand das erzählte.

Ist das nun wahr oder nicht, bin ich aufgrund dieser Aussage wirklich schon eine Alkoholikerin? Diese Frage stellte ich mir diesmal ganz bewusst.

Der stressige Gedanke dazu ließ nicht lange auf sich warten: „Ich bin eine Alkoholikerin."

Nun war mir klar, warum ich stets Widerstand in mir spürte, wenn jemand von Sucht sprach, sobald ein Mensch regelmäßig Alkohol trank. Doch war das wirklich so, war auch ich schon vom Alkohol abhängig? Sollte auch ich schon ganz unten gelandet sein wie ein Alkoholiker, dessen ganzer Lebensinhalt der Alkohol ist?

Dieser Gedanke ist einfach zu schrecklich, das darf nicht wahr sein, ich will mein Leben doch im Griff haben und nicht der Alkohol mich.

War ich nun eine Alkoholikerin oder nicht?

Ich machte eine Überprüfung und fand heraus, dass das Einzige, wovon ich abhängig war, meine stressigen Gedanken waren. Ich hing quasi an ihrem Tropf, ließ sie als ständige Infusion in mich hineinfließen.

Mit der Umkehrung konnte ich mich von diesem stressigen Gedanken befreien, sie lautet: „Ich bin eine Süchtige", und bedeutet, dass ich süchtig nach stressigen Gedanken, aber nicht nach Alkohol war.

Auch der Gedanke „Ich bin ein Trinker, ein Esser, ein Lebender, ein Atmender, ein Schlafender" ist die Wahrheit, weil ich das bin.

Alles, was ich tue, bin ich auch, deshalb kann ich es auch akzeptieren, eine Alkoholikerin zu sein, und muss diese Aussage nicht länger von mir weisen oder als etwas Negatives betrachten. Doch allem voran steht eines: „Ich bin ein Mensch", weil ich das in erster Linie bin und das bedeutet nichts anderes, als dass ich das Leben in vollen Zügen genießen darf.

Ich darf alles tun, was mich glücklich macht, ich darf eine Süchtige nach dem Leben sein, weil dies die einzige Sucht ist, von der ich abhängig sein will und darf.

„Ich bin süchtig nach dem Leben", dieser neue Gedanke ist die Wahrheit, er führt mich weg von meiner Sucht nach stressigen Gedanken und hinein ins Leben.

Aus diesem Grund kann ich mit noch einem stressigen Gedanken aufräumen, er lautet: „Ich bin süchtig nach Alkohol." Er ist ebenso eine Lüge, denn die Wahrheit ist: „Ich bin süchtig nach der Wahrheit", weil sie allein mich im Hier und Jetzt leben lässt und ich mich nicht länger betäuben muss, um dem wirklichen Leben zu entfliehen.

Deshalb entschließe ich mich, dem stressigen Gedanken „Ich muss mich betäuben, um der Wirklichkeit zu entfliehen" nicht länger zu folgen, und verinnerliche mir: „Ich muss nüchtern sein, um die Wirklichkeit zu erleben."

In vielen herrscht der Gedanke vor, dass Alkohol die Geisel der Menschheit sei.

Sie geben dem Alkohol die Schuld dafür, dass schon so viele Menschen ins Unglück gestürzt wurden, und lehnen ihn zutiefst ab. Man könnte denken, dass dies wahr sei, wenn man einen alkoholabhängigen Menschen sieht, der nur noch ein Häufchen Unglück und sich in keinster Weise mehr seiner eigenen Kraft bewusst ist.

Doch ist das auch wahr? Hat der Alkohol wirklich die Kraft, einen Menschen zu zerstören? Auch hier gibt es wieder eine andere Wahrheit, sie lautet: „Unser altes Denken ist die Geisel der Menschheit", aus dem einfachen Grund, weil es die Menschen hörig macht und ihnen weismachen will, dass ein Mensch zum Leiden geboren sei.

Mit dem Leitsatz „Unser neues Denken ist das Glück der Menschheit" können wir uns von allen Beschränkungen unseres alten Denkens befreien und müssen den Alkohol nicht länger verteufeln und aus unserem Leben verbannen.

Der Fortschritt in unserer digitalen Welt geht mit Riesenschritten voran und erreicht mittlerweile unvorstellbare Dimensionen. Doch was geschieht dabei mit den Menschen, bleibt das Zwischenmenschliche auf der Strecke, wenn ich nur noch in Internetforen mit anderen in Kontakt trete? Werden wir bald selbst zum Roboter, der keinerlei Gefühle kennt und nur noch automatisch funktioniert?

Viele, vor allem junge Leute, sieht man nur noch mit gesenktem Kopf wie gebannt auf das kleine Ding in ihrer Hand starren, dabei keinerlei Notiz von ihrer Umgebung nehmend. Auf den ersten Blick kann es einem da wirklich angst und bange werden.

Doch ist das auch wirklich so, zerstört das Internet unsere zwischenmenschlichen Beziehungen?

Die Antwort ist auch hier ein stressiger Gedanke, er lautet: „Die Menschen kennen keine Gefühle mehr", und das ist eine Lüge. Denn die Umkehrung lautet: „Unser Denken kennt keine Gefühle", und das ist die Wahrheit.

Solange ein Mensch lebt, kennt er auch Gefühle wie Liebe oder Sehnsucht, aber auch negative wie Wut, Trauer, Hass, Schmerz oder Einsamkeit. Mit diesen Gefühlen kann kein technischer Fortschritt mithalten, sie sind das Größte überhaupt und können einen Menschen, sobald wir sie zulassen und richtig mit ihnen umgehen, in weitaus größere Dimensionen befördern, als es jemals der Fortschritt schaffen kann.

Dabei übersteigt unsere Herzenskraft jede menschliche Vorstellungskraft, weil sie allein es schafft, jedem Menschen das Leben zu schenken, von dem er nie zu träumen wagte.

Mit der Umkehrung erfahren wir diese Wahrheit. „Unser Herz kennt alle Gefühle." Und mit dieser neuen Erkenntnis erhalten wir auch den Schlüssel für unser persönliches Glück.

Damit nehmen wir uns auch die Angst vor einer Technisierung unserer Welt, von der wir glauben, sie mache uns kalt und gefühllos.

Stattdessen können wir in ihr einen treuen Diener erkennen, der uns allen hilfreich zur Seite steht und uns verbindet und nicht trennt.

„World Wide Web" bedeutet nichts anderes als weltweite Verbundenheit. Verurteilen wir dies, können wir seine schöpferische Kraft nicht nutzen, so wie von allem, was wir ablehnen oder verurteilen.

„Besser misstrauisch als gutgläubig sein." Ich glaube, diesem Gedanken folgen viele Menschen. Doch muss ich das, muss ich wirklich allem mit größtem Misstrauen begegnen, hinter allem etwas Negatives vermuten?

Ich glaube nicht, dass ich das muss. Ich kann es, doch damit verschließe ich mich auch dem gegenüber, was mich in meinem Leben weiterbringt, es ist auch hier meine eigene Entscheidung.

Unter Gutgläubigkeit verstehe ich jedoch nicht, naiv zu sein, indem ich alles für bare Münze nehme, was man mir erzählt, sondern volles Vertrauen in das Leben zu haben.

Zu glauben, dass jeder Fehler, den ich mache, jedes Problem, jede stressige Situation nur einem einzigen Zweck dient, dass ich wieder zu mir selbst zurückfinde und damit zu dem, was mich wahrhaft glücklich macht.

Viele folgen ebenso dem stressigen Gedanken: „Ich bin nicht so naiv zu glauben, dass mir jemand etwas schenkt." Auch ich habe dies lange Zeit geglaubt. Mit diesem stressigen Gedanken kann kein Mensch die Geschenke, die das Leben uns macht, erkennen.

Doch diesen Gedanken müssen wir nicht länger folgen, denn: „Ich bin so naiv zu glauben, dass mir jemand etwas schenkt", „besser gutgläubig als misstrauisch", weil dies die Wahrheit ist und mich in meinem Leben weiter bringt als jedes bewusste Streben nach Glück und Erfüllung.

Dafür gibt es noch eine Umkehrung: „Besser gut leben, als sich nichts trauen." Sie bedeutet eine Aufforderung an mich, mir auch etwas zuzutrauen und nicht länger meinem alten Denken zu folgen, das mir nichts zutraut und mich an allem zweifeln lässt.

So, wie ich mir anfangs einreden wollte: Ich überlasse das Schreiben lieber denen, die was davon verstehen.

Nach all dem, was ich über mein altes Denken bisher geschrieben habe, könnte man den Eindruck gewinnen, ich lehnte mein Denken zutiefst ab. Schließlich hat es mir bisher hauptsächlich Negatives in meinem Leben gebracht.

Doch der Schein trügt, denn ich brauche mein Denken genauso wie mein Herz, denn ohne mein Denken kann mein Herz sich in der Welt nicht zeigen und nicht ausdrücken.

Indem ich mein Denken akzeptiere und davon überzeugt habe, nur noch meinem Herzen zu folgen, kann ich es auch in meinem Leben willkommen heißen. Denn damit bekommt es eine neue, viel wichtigere Aufgabe und ist nicht nutzlos. Es wird zu meinem treuen Diener, denn nichts fürchtet mein altes Denken mehr, als bedeutungslos und damit nicht mehr gebraucht zu werden.

Aus diesem Grund folge ich nicht dem stressigen Gedanken „Mein Denken hat für mich keine Bedeutung mehr", weil es eine Lüge ist. Denn die Wahrheit lautet: „Mein Denken bekommt für mich eine neue Bedeutung." Mit diesem neuen Gedanken gebe ich meinem alten Denken die Möglichkeit, auf eine neue Art und Weise lebendig zu sein, indem es nur dem folgt, was mein Herz ihm sagt. Damit gebe ich beiden die Chance, ein unschlagbares Team zu werden, mit dem in meinem Leben einfach nichts mehr unmöglich sein wird.

Auch der Gedanke „Mein Leben bekommt für mich eine neue Bedeutung" ist die Wahrheit, weil nichts mehr so sein wird, wie es einmal war, als meine stressigen Gedanken mich noch beherrschten.

Viele sind ebenso davon überzeugt, dass nur gesundes Essen unseren Körper gesund erhält, schließlich kann man es überall lesen.

Doch ist das auch wirklich wahr? Braucht unser Körper wirklich nur gesundes Essen, um gesund zu sein?

Ich glaube nicht, denn worunter die meisten Menschen leiden, ist eine kranke Seele und nicht falsches Essen. Es ist diese „Krankheit", unter der wir leiden, die alles in uns hineinstopfen lässt und für unser Übergewicht sorgt. Denn wie das Wort schon sagt, wir leiden an einem Übergewicht, und zwar nicht an Pfunden, sondern an stressigen Glaubenssätzen, die sich im Außen auf unseren Hüften zeigen.

Der stressige Glaubenssatz dazu lautet: „Ich brauche gesundes Essen, um gesund zu sein."

Er ist eine Lüge, denn alles, was wir brauchen, ist die Wahrheit: „Ich brauche eine gesunde Seele." Denn ist die Seele gesund, dann ist auch der Körper gesund, weil wir dann ganz automatisch dafür sorgen, dass es unserem Körper gut geht, wir ihm damit alles zuführen, was er braucht und was ihm bekommt. Wir können eine Diät nach der anderen machen, sie nützt nichts, solange wir die wahre Ursache nicht erkennen.

Sicherlich mag es Menschen geben, die es geschafft haben, schlank zu werden, doch damit belügen sie sich selbst, denn ein schlanker Körper allein lässt mich nicht wahrhaft glücklich sein. Ich beruhige damit lediglich mein schlechtes Gewissen, das mir einreden will, du bist viel zu träge, um an deinem Leben etwas zu ändern.

Indem ich glaube, meinen inneren Schweinehund besiegt zu haben, folge ich einer Lüge meines alten Denkens, dem es lediglich nur um eines geht, nämlich dass sich an meinem Leben nichts ändert.

Ich folge dem stressigen Gedanken „Nur ein schlanker Mensch ist erfolgreich" und halte daran fest. Erst wenn ich mir die Umkehrung verinnerliche, „nur eine gesunde Seele ist erfolgreich", kann ich mich von diesem Druck befreien.

„Nur ein befreiter Mensch ist ein erfolgreicher", das ist ebenso die Wahrheit und bedeutet, dass ich mir das viel zu enge Korsett meines alten Denkens abstreife und damit auch alle Fettpolster verschwinden, die mich zu einem übergewichtigen Menschen gemacht haben.

Mit dieser neuen Einstellung muss ich meinen Körper nicht länger ablehnen und kann ihn so akzeptieren, wie er ist. Schließlich weiß ich ja, dass die Annahme dessen, was ist, die erste Voraussetzung ist, um an meinem Leben etwas zu ändern, und zwar von innen heraus, nicht von außen.

Dazu muss ich mir den stressigen Gedanken vor Augen halten: „Ich kann meinen Körper so, wie er ist, nicht akzeptieren", denn er ist für mich Realität, weil ich diesem Glaubenssatz jahrelang folgte.

Doch ich muss ihm nicht länger folgen, weil es noch andere Wahrheiten gibt.

Da ist einmal der neue Gedanke: „Mein Denken kann meinen Körper so, wie er ist, nicht akzeptieren." Und: „Ich kann meinen Körper so, wie er ist, akzeptieren." Damit weiß ich, dass nur mein altes Denken mich und meinen Körper ablehnt und nicht ich selbst.

Somit liegt es nur an mir, wem ich folge, mit welchem Gedanken ich glücklicher bin, denn es ist meine Wahl.

Demzufolge kann niemals irgendetwas, das uns schmeckt und uns glücklich macht, in irgendeiner Weise schaden. Es ist unsere Einstellung dazu und nichts anderes.

Wenn ich glaube, dass viel Süßes, falsches Essen oder zu wenig Bewegung mich dick machen, dann wird es auch so sein, jedem geschieht nach seinem Glauben.

Glaube ich das nicht, dann kann ich alle Annehmlichkeiten des Lebens genießen, ohne dass es mir schadet, im Gegenteil, ich fühle mich besser damit.

Ich werde ein Mensch, der das Leben in vollen Zügen genießen kann, ohne Schuldgefühle, die mir einreden wollen, ich kriege nichts auf die Reihe, bin willensschwach, maßlos und zügellos.

Wir folgen dem stressigen Gedanken: „So, wie ich bin, mag mich keiner." Doch die Wahrheit ist: „So, wie ich bin, mag ich mich nicht."

Aus diesem Grund muss ich zwangsläufig dafür sorgen, dass ich mich immer mehr selbst ablehnen muss, indem ich wieder und wieder „sündige".

Ein nie enden wollender Kreislauf, mit dem mir mit Sicherheit eines nie gelingen wird, mich selbst zu mögen.

Erst wenn ich mir verinnerliche: „So, wie ich bin, mag ich mich", kann ich mich von dieser großen Lüge befreien.

Auch der Gedanke „Ich muss mich mehr bewegen" ist für mich eine große Lüge, denn die Wahrheit ist: „Mein Denken muss sich mehr bewegen."

Mein altes Denken, das aus seinen eingefahrenen Bahnen nicht herauskommt und sich damit nur im Kreis dreht. Ihm geht es gar nicht darum, dass ich in Bewegung komme, denn das würde ja Veränderung bedeuten und nichts fürchtet mein altes Denken mehr.

Deshalb gibt es noch eine Wahrheit: „Ich muss mehr innehalten", weil nur dieses Zur-Ruhe-Kommen mich in Bewegung bringt und nichts anderes.

Das Einzige, was der ursprüngliche Gedanke bewirkt, ist ständig neuer Stress, dem ich mich damit unterwerfe und der mich immer weiter antreibt, mich zu verausgaben, wie der berühmte Hamster im Rad. Doch wirklich weiter bringt er mich nicht, weil er für mich ein Gefängnis ist, ein bewegtes zwar, doch Gefängnis bleibt Gefängnis.

So, wie ein goldener Käfig eben auch ein Gefängnis ist. Dies alles zu erkennen, gelingt mir mit noch einer Umkehrung. „Ich muss zur Ruhe kommen", das ist die Wahrheit, weil es das Einzige ist, was uns fehlt.

Innerlich nicht zur Ruhe zu kommen, ist, so glaube ich, unser aller Problem, doch damit flüchten wir vor uns selbst, weil wir glauben, wir bewegten uns zu wenig.

Ein großer Irrtum, denn das ganze Gegenteil ist der Fall, unseren Körper treiben wir damit zu viel an. Auch hier folgen wir lediglich der allgemeinen Meinung, die uns bis zur Erschöpfung strampeln lässt, anstatt uns auf unsere inneren Kräfte zu besinnen.

Nur mit ihnen kommen wir wirklich vorwärts und müssen nicht länger auf der Stelle treten. Ich könnte noch unzählige Gründe aufzählen, weshalb ich mich stetig selbst antreibe, weil ich davon überzeugt bin, nur wenn ich mich bewege, kann ich gesund bleiben und ein hohes Alter erreichen.

Doch damit tue ich etwas aus dem falschen Grund und bewirke das ganze Gegenteil, ich werde krank, und zwar vor Erschöpfung. Unser Körper will bewegt werden, jedoch nur aus einem einzigen Grund, weil es mir Spaß machen soll und ich mich dadurch gut fühle.

Nur so können wir uns aus diesem Hamsterrad befreien und wieder Spaß an der Bewegung finden, denn dann „will ich mich mehr bewegen".

Ebenso gelange ich zu der Überzeugung, dass alle äußeren Konflikte in der Welt zuerst nur im Inneren eines Menschen gelöst werden können, denn sie spiegeln lediglich das wider, was in ihnen ist. Sobald wir das erkennen, ist der erste Schritt getan, um alle Konflikte in der Welt auf friedlichem Wege zu lösen. Doch solange sich jeder im Recht wähnt und der andere der Böse ist, wird sich die Gewaltspirale immer weiter drehen und eine friedliche Lösung in weite Ferne rücken.

Krieg entsteht somit zuerst in jedem Menschen selbst, weil er seinen Gedanken folgt, die ihm einreden, andere wollten ihm nur Böses tun und ihn bekämpfen.

Doch das ist eine Lüge, in Wirklichkeit sucht jeder Mensch Frieden und sei es der brutalste und skrupelloseste. Es sind lediglich seine Gedanken, die ihm etwas anderes erzählen, denen er folgt und die ihn zu unmenschlichen Handlungen veranlassen.

Vielen geht es nur darum, ihr Recht durchzusetzen und es notfalls mit aller Gewalt zu verteidigen. Doch damit erreichen sie nur eines, neue Gewalt, weil sie dem stressigen Gedanken folgen „Ich habe recht". Sie glauben ihrem alten Denken, das ihnen erzählt, du musst dein Recht mit allen Mitteln durchsetzen, denn schließlich bist du ja im Recht.

Es ist eine Lüge, denn die Wahrheit ist: „Ich bekomme recht", und brauche dafür nichts zu tun, außer mein Herz für diese neue Erkenntnis zu öffnen, denn dann „geschieht mir recht".

Eine Aussage, die sicherlich fast jeder kennt, jedoch im negativen Sinne, weil ich dies als Strafe ansehe, indem ich glaube, einen Fehler gemacht zu haben.

Doch diese scheinbar negative Aussage ist in Wahrheit für mich äußerst positiv, weil ich mein Leben jetzt mit ganz anderen, nämlich mit meinen inneren Augen sehen kann, und diese erkennen mein Recht auf Glücklichsein.

„Ich habe das Recht, glücklich zu sein", weil es das Einzige ist, was im Leben zählt und nichts anderes.

Mit dieser Umkehrung brauche ich nicht länger um mein Recht zu kämpfen, denn dieses erlaube ich mir jetzt selbst.

Ich erinnere mich, als ich etwa in der sechsten Klasse war, hatte ich bis zu diesem Zeitpunkt eine feste Freundin. Wir waren fast täglich zusammen und saßen auch in derselben Klasse. Zumindest glaubte ich, dass sie meine Freundin wäre.

Bis zu dem Tag, als sie sich von mir abwandte und einem anderen Mädchen in unserer Klasse zuwandte. Für mich brach eine Welt zusammen, sie ging, ohne mir zu erklären, warum.

Es war die Zeit, als meine Geschwister geboren waren und ich für sie da sein musste bzw. auch wollte.

War das vielleicht die Ursache, dass nicht sie sich von mir abwandte, sondern ich mich von ihr? Das musste ich überprüfen.

Eine Überprüfung ergab den Glaubenssatz „Ich will eine gute Mutter sein".

Nun war mir alles klar, diese Botschaft hatte ich unbewusst ausgesandt und meine Freundin sah mich ja auch fast jeden Tag mit dem Zwillingskinderwagen an der Schule vorbeifahren, um meine Geschwister in die Krippe zu bringen.

Mit diesem stressigen Glaubenssatz hatte ich keine Zeit mehr, eine gute Freundin zu sein, was mir damals natürlich nicht bewusst war. Stattdessen fühlte ich mich gemobbt, wie man heute so sagt. Dabei hatte ich selbst dafür gesorgt, dass meine Freundin sich von mir abwenden musste und gar nicht anders konnte. Denn wer will schon eine Mutter als Freundin haben?

Bei der Umkehrung kam heraus: „Ich muss eine gute Mutter sein." Das bedeutete für mich, dass ich von meinen alten Ängsten heimgesucht wurde, die mir einredeten: Du hast jetzt die Chance, dich bei deinen Eltern unentbehrlich zu machen, nutze sie. Und das wollte ich auch, als gute Mutter wird man schließlich immer gebraucht.

Meine Ängste, dass meine Eltern mich loswerden wollten, waren größer als der Schmerz, eine Freundin zu verlieren.

Doch ist das auch wahr, waren meine Ängste, meine Eltern zu verlieren, wirklich größer als der Schmerz, eine Freundin zu verlieren?

Jetzt, im Nachhinein, glaube ich, dass es nicht so war, denn meine Freundin verließ mich ganz real, im Gegensatz zu meinen Eltern, dieser Schmerz war die Wirklichkeit.

Doch weshalb schmerzte mich das immer noch so, nach über fünfzig Jahren?

Das wollte ich jetzt wissen und fand einen extrem stressigen Glaubenssatz, er lautete: „Ich werde nur benutzt und dann weggeworfen."

Dieser selbstzerstörerische Gedanke war es also, der mich seitdem immer noch belastete. Doch er ist eine Lüge, denn die Wahrheit ist: „Mein altes Denken hat mich nur benutzt und dann weggeworfen." Meine Freundin musste ihn mir widerspiegeln und konnte gar nicht anders.

Deshalb gibt es noch eine Umkehrung, sie lautet: „Ich werde geschätzt und angenommen", sobald ich mich nicht länger von meinen stressigen Gedanken beherrschen lasse, die mir das Gegenteil weismachen wollen.

Eine weitere Umkehrung ergibt: „Ich will ich selbst sein."

Mit dieser neuen Erkenntnis muss ich keine Rolle mehr übernehmen, um mich geliebt und wertgeschätzt zu fühlen. Ich erlaube mir damit, ganz ich selbst und von niemandem mehr abhängig zu sein, ganz davon zu schweigen, ein Mobbingopfer gewesen zu sein. Einfach deshalb, weil meine beste Freundin dann ich selbst bin.

Doch ebenso wenig war mir bewusst, dass ich gar keine gute Mutter sein konnte, aus dem einfachen Grund, weil ich selbst noch ein Kind war.

Deshalb lauten die Umkehrungen, die eine enorme Last von meinen Schultern nehmen: „Ich kann keine gute Mutter sein" und „Ich darf eine schlechte Mutter sein".

Erst jetzt während des Schreibens kommt mir wieder in den Sinn, dass ich davon überzeugt war, in der Schule keinerlei Probleme gehabt zu haben, wie ich es anfangs schon beschrieben hatte. Dies stimmte nur teilweise, denn es betraf nur die Zeit von der sechsten bis zur achten Klasse. Erst jetzt erkenne ich, dass dies eine Lüge war, denn Probleme in der Schule hatte ich bereits von der ersten bis zur fünften Klasse.

Wie konnte das angehen, wie konnte ich mit dieser Belastung, mit zwölf Jahren eine Mutterrolle übernommen zu haben, noch dazu mit zwei kleinen Babys, solch einen enormen Schub in der Schule machen? Wie war so etwas möglich?

Es gibt nur eine Erklärung dafür.

Bis zur Geburt meiner Geschwister verfolgte mich der stressige Gedanke „Ich falle meinen Eltern zur Last" und das lastete schwer auf meinen Schultern.

Dann wendete sich die Situation, endlich konnte ich etwas gegen meine Ängste und Schuldgefühle tun.

Ich überschrieb den ursprünglichen, mich extrem belastenden Gedanken mit einem neuen, stressigen, weil ich glaubte, der alte wäre dann verschwunden, und empfand dies zunächst als eine Befreiung. Ich vergaß jedoch eines, ihn zu löschen, sprich, ihn mir ins Bewusstsein zu holen und als Lüge zu entlarven.

So kam noch ein weiterer hinzu, er lautete: „Ich bin meinen Eltern eine Stütze."

Meine Mutter erzählte auch oft Bekannten, dass ich ihr eine große Stütze sei. Darauf war ich stolz und auch zufrieden, ihr nicht länger zur Last zu fallen.

Diese Lüge gab mir einen unglaublichen Auftrieb und sorgte dafür, dass meine Leistungen in der Schule in die Höhe schnellten. Doch dabei vergaß ich eines – mich selbst.

Innerlich jedoch begann ich zu rebellieren und genau dies war auch der Grund, der mich drängte, mein Abitur in Jena zu machen. Es war ein erster Versuch, aus diesem selbst gewählten Gefängnis auszubrechen. Doch er misslang, meine Ängste und meine Schuldgefühle holten mich schneller wieder ein, als ich denken konnte.

„Wie kannst du deine Eltern im Stich lassen?", dieser stressige Gedanke verfolgte mich seit dem ersten Tag auf der EOS und ließ mir keine Chance mehr, auf meine Leistungen stolz zu sein. Ich fühlte mich stattdessen als ein Versager, so, wie ich es schon beschrieben hatte. Dabei hätte ich mir nur vor Augen halten müssen, dass „ich mich im Stich gelassen hatte" und niemand anders, denn es war die beste Entscheidung, die ich treffen konnte. Damit sagte ich mir, wenn auch unbewusst, zum ersten Mal: Stopp, das will ich nicht mehr. Doch es war lediglich der Versuch eines Ausbruchs aus meinem selbst gewählten Gefängnis, auch wenn mir dies viele Jahre später erst wirklich gelang, denn „ich bin wieder frei und zu Hause angekommen", weil es die Wahrheit ist.

„Mein Glück finde ich nur in der Ferne", lautete seitdem meine unbewusste Überzeugung und ließ mich immer ruheloser werden, deshalb auch meine tiefe Sehnsucht nach der Ferne.

„Mein Glück finde ich nur zu Hause" – mit dieser Umkehrung erlaube ich mir selbst, wieder glücklich zu sein, weil ich zu Hause angekommen bin und mit mir meine ganze Familie, denn schließlich mussten auch meine Eltern im Nachhinein darunter gelitten haben, uns Kindern vermeintlich eine Last gewesen zu sein.

Eine Lüge, denn was uns allen wirklich eine Last gewesen ist, waren einzig und allein unsere stressigen Gedanken, weil wir ihnen glaubten und sie aus diesem Grund für die Wahrheit halten mussten.

Auch die Kinder, die von einem Elternteil verlassen werden, oder Mütter, die ihren Kindern die Existenz ihres Vaters verleugnen, erleben nur deshalb Leid und Schmerz, weil sie einer Lüge folgen. Sie sagen, du hast keinen richtigen Vater, denn er kümmert sich nicht um dich. Das bedeutet nichts anderes, als dass sie seine Existenz verleugnen, die größte Lüge überhaupt, denn einen falschen Vater gibt es nicht. Ohne ihn gäbe es das Kind gar nicht, er schenkte ihm das Leben und machte ihm damit das größte Geschenk. Doch wenn ich davon überzeugt bin, „ich habe nur dann einen richtigen Vater, wenn er sich um mich kümmert", dann folge ich einer Lüge. Die Wahrheit ist: „Ich habe einen richtigen Vater, auch wenn er sich nicht um mich kümmert." Auch wenn es nur ein kurzer, aber alles entscheidender Moment ist, der mich mit ihm verbindet, der Moment, als das Leben entstand.

Solange diese Menschen von dieser Lüge überzeugt sind, wird sich ihr Leben auch so anfühlen, nämlich falsch. Es gibt viele Gründe, weshalb ein Vater sich nicht um sein Kind kümmern kann, und er leidet unter Schuldgefühlen, sein Kind im Stich lassen zu müssen.

Leider wird dies falsch interpretiert, nämlich mit fehlender Liebe und fehlendem Verantwortungsbewusstsein. Diese Fehlinterpretation begleitet einen Menschen bis ins hohe Alter und macht ihm ein glückliches, erfülltes Leben einfach unmöglich, denn damit muss er ja unbewusst seine eigene Existenz verleugnen. Er erlebt infolgedessen Leid und Schmerz, weil er einer Lüge folgt.

Mit Sicherheit trägt die Mutter diesen Glaubenssatz ebenso in sich und muss ihn deshalb auch im Außen erleben, weil es ihr als Kind genauso erging, vielleicht auf eine andere Art und Weise, doch im Kern genauso.

Auch wenn ich glaube, einen so guten Vater oder eine solche Mutter nicht verdient zu haben, schneide ich mich unbewusst von meinen Wurzeln ab und muss dies auf mein Kind projizieren.

Deshalb kann ein Vater sein Kind noch so lieben, die Frau und das Kind glauben ihm einfach nicht. Für sie gibt es nur die eine Wahrheit: Er liebt sein Kind nicht, sonst würde er sich mehr kümmern.

Gegen diesen unbewussten Glaubenssatz hat ein Mann null Chancen und zieht sich deshalb zurück, weswegen sich die Frau in ihrer Überzeugung bestätigt fühlt und diese mit allen Mitteln verteidigt. Doch damit liefern sie sich einen Machtkampf, in dem Vater, Mutter und das Kind am Ende nur als Verlierer dastehen.

Eine weitere unbewusste Überzeugung einer alleinerziehenden Mutter basiert auf dem stressigen Gedanken: „Ich muss jetzt Vater und Mutter sein." Eine fatale Forderung, denn dies ist gar nicht möglich und führt lediglich dazu, dass die Mutter sich damit selbst und ihr Kind großem Stress aussetzt, denn einen Vater kann eine Mutter niemals ersetzen.

Schon aus dem einfachen Grund, weil sie eine Frau und kein Mann ist. Die einzige Möglichkeit, sich davon zu befreien, ist ein neuer Gedanke, er lautet: „Ich darf nur Mutter sein."

Dies ist die Wahrheit und sie führt mich wieder zu innerem Frieden, auch wenn ein Vater sich in keiner Weise um das Kind kümmern kann oder will.

Auch der Gedanke „Wir brauchen keinen Vater" ist eine Aussage, mit der sich Mutter und Kind selbst belügen. Er dient lediglich dazu, um ihren Schmerz zu betäuben.

Doch ist das wahr, brauchen wir wirklich keinen Vater?

Ich glaube nicht, denn die Wahrheit ist: „Wir brauchen keine Lügen", weil unser Vater schließlich ganz real existiert oder existiert hat.

Erst wenn ich mir diesen neuen Gedanken verinnerliche, befreie ich mich von meinem inneren Konflikt, kann auch mit dem Vater meines Kindes Frieden schließen und muss nicht länger seine Existenz verneinen, auch wenn er sich nicht um das Kind kümmert.

Allein die Lüge, dass wir keinen Vater bräuchten, sorgt für Leid und Schmerz bei Mutter und Kind und nicht die Tatsache, dass er ihnen nicht zur Verfügung steht.

Auch ich folgte diesen Gedanken, als mein Mann durch seine Montagetätigkeit mir und den Kindern kaum eine Hilfe war und ich mir alles allein aufbürden wollte, weil ich glaubte, meinen Kindern den Vater ersetzen zu müssen.

Mit den Umkehrungen erfahre ich die Wahrheit und sie lautet: „Wir haben alle einen Vater" und „Unser Denken braucht keinen Vater". Denn das Einzige, was unser altes Denken braucht, ist sein Anspruch auf das Recht. Dabei spielt bei ihm keine Rolle, ob es uns damit schadet oder nicht, ob die Geschichten, die es uns erzählt, nun Wahrheit oder Lügen sind, oder ob es uns Schmerz zufügt.

Dem können wir nur Einhalt gebieten, indem wir seine starrsinnigen Überzeugungen infrage stellen und dabei die Möglichkeit einer anderen Wahrheit in Betracht ziehen.

Denn die einzige Wahrheit, die es zu diesem Thema gibt, lautet: „Wir brauchen alle einen Vater", weil wir sonst gar nicht existieren würden.

Viele Partnerschaften gehen heutzutage in die Brüche. Zurück bleibt bei allen Beteiligten nach anfänglicher Erleichterung ein Gefühl der Leere und Ohnmacht, wie ich es selbst erleben musste, weil die wahre Ursache für das Scheitern nicht erkannt wurde. Denn sobald es beginnt wehzutun, sehen viele nur eine Möglichkeit, die Flucht.

Doch am meisten leiden darunter die Schwächsten, die, die am allerwenigsten etwas dafürkönnen. Und doch sind sie es, die sich selbst die Schuld am Scheitern der Beziehung geben.

Schließlich gab es ja oft genug Streitereien wegen ihnen und es endet nach erfolgter Trennung oftmals in einem erbitterten Kampf um sie.

„Ich bin schuld, dass meine Eltern sich trennen", lautet der verzweifelte Gedanke, der die Kinder seitdem verfolgt. Doch sind sie das wirklich? Sind Kinder wirklich für eine Trennung ihrer Eltern verantwortlich?

Wenn man diesen Eltern zuhört, wie erbittert sie sogar darum kämpfen, dass ihr Kind den Partner nicht zu sehen bekommt, dann könnte man meinen, dass es ihnen wirklich nur darum geht, ihr Kind und keinen anderen zu bestrafen. Denn für ein Kind gibt es keine höhere Strafe, als wenn ein Elternteil sich von ihm abwendet.

Somit ist es nicht die Trennung, unter der ein Kind so leiden muss, sondern die Vorstellung, schuldig und damit für die Trennung verantwortlich zu sein.

Der Gedanke, die beiden Menschen, die es am meisten liebt, auseinandergebracht zu haben, ist für ein Kind unerträglich und es leidet ein Leben lang darunter, solange ihm dies nicht bewusst wird.

Doch das müssen sie nicht länger, sie dürfen sich einen neuen Gedanken verinnerlichen, er lautet: „Meine Eltern können sich niemals trennen", und das ist die Wahrheit. Aus dem einfachen Grund, weil sie durch das Kind für immer miteinander verbunden sind und eine Trennung deshalb gar nicht möglich ist, auch wenn viele das nicht wahrhaben wollen, weil sie mit ihrem ehemaligen Partner nichts mehr zu tun haben wollen. Damit jedoch folgen sie einer Lüge, denn die Wahrheit ist: „Eltern sind für immer miteinander verbunden."

Das bedeutet ebenso, dass auch eine Trennung Liebe bedeuten kann, wenn ich keinen anderen Ausweg sehe – vorausgesetzt, ich gehe richtig mit ihr um und erkenne, weshalb meine Ehe gescheitert ist, und verteile nicht länger Schuldgefühle, die mich auf der Stelle treten und keinen Ausweg sehen lassen.

All diese oder ähnliche Gedanken verfolgen viele Menschen, die überzeugte Singles sind und mit dem Thema „Partner" abgeschlossen haben.

Sie reden sich ein: „Ohne Partner geht es mir viel besser." Damit belügen sie sich jedoch selbst, weil kein Mensch zum Alleinsein geboren ist. Erst das Zusammenleben mit einem anderen Menschen lässt uns all den verdrängten alten Schmerz in uns bewusst werden.

Nur ein Mensch, mit dem wir unser Leben teilen, kann den Finger in unsere Wunden legen und uns damit all unsere alten Verletzungen ins Bewusstsein holen.

Ein überzeugter Single will das vermeiden, doch damit vergibt er auch die Möglichkeit auf Heilung und folgt lieber seinen stressigen Gedanken, die ihm diese Lüge erzählen. Er glaubt, dass ein Partner ihn glücklich machen solle, doch das ist nicht möglich, weil das kein anderer als er selbst kann.

Sobald es anfängt wehzutun, lassen sie ihn fallen, anstatt die große Chance zu erkennen, die sich hinter all dem Schmerz verbirgt. Lieber folgen sie noch einem stressigen Gedanken, er lautet: „Wenn es verletzt, ist es keine Liebe." Doch das ist eine Lüge, denn die Wahrheit ist: „Auch wenn es verletzt, ist es Liebe."

So, wie auch Härte und Unnachgiebigkeit da, wo es nötig ist, Liebe bedeuten können.

Ein Partner, der mir alles recht machen will und mir jeden Wunsch von den Augen abliest, ist für einen Außenstehenden vielleicht ein Traumpartner, doch in Wirklichkeit macht er unzufrieden, ohne dass man es in irgendeiner Weise benennen kann.

Alles, was ein Mensch braucht, ist die ungeschminkte Wahrheit, auch oder gerade, wenn es wehtut. Da hilft kein Zuckerguss, wenn darunter alles bitter ist.

Aus diesem Grund kann ich mit noch einem stressigen Gedanken aufräumen: „Ich kann die Wahrheit nicht vertragen", weil er ebenso eine Lüge ist.

Erst die Umkehrung bringt es ans Licht. „Ich kann die Wahrheit vertragen" und „Ohne meine stressigen Gedanken geht es mir viel besser". Denn sie sind es, die mich unzufrieden machen und mir das Gefühl geben, nicht geliebt und wertgeschätzt zu werden.

Mit noch einer Umkehrung erfahre ich ebenso die Wahrheit, sie lautet: „Wenn es Lügen sind, ist es keine Liebe." Alles, was wehtut, sind Lügen, die uns unsere Gedanken erzählen, denen wir ungeprüft folgen, und nichts anderes.

Lügen sind das Gegenteil der Wirklichkeit. Wenn wir ihnen folgen, verneinen wir sie und dies sorgt für den großen Schmerz in uns.

Die Wirklichkeit ist Liebe. Stemmen wir uns dagegen, dann stemmen wir uns auch gegen sie und damit auch gegen ein glückliches, erfülltes Leben.

Patchworkfamilien sind heutzutage keine Seltenheit mehr und doch bringen sie oftmals große Schwierigkeiten mit sich.

Ich selbst wurde in solch eine Familie hineingeboren und bekam extremen Stress, der dadurch entstand, von klein auf hautnah mit. Jeder glaubte, vor dem anderen sein Kind verteidigen zu müssen, denn schließlich war es für den Partner ein fremdes Kind.

Meine unbewussten Schlussfolgerungen lauteten seitdem: „Man kann ein fremdes Kind nicht lieben" und „Ein fremdes Kind bringt meine Eltern auseinander". Schließlich hält nur Liebe eine Familie zusammen und nicht Hass oder Ablehnung.

Dafür gibt es noch einen stressigen Gedanken: „Ich lasse mir kein fremdes Kind unterjubeln", der für die ablehnenden Gefühle sorgt.

Doch ist das wirklich wahr, kann man ein fremdes Kind nicht auch lieben?

Diese Frage stellte ich mir. Was wäre, wenn sich jetzt nach vielen Jahren herausstellen würde, dass mein Kind damals als Baby vertauscht worden wäre? Würde ich mein Kind deshalb von heute auf morgen nicht mehr lieben können, nur weil es andere Erzeuger hat?

Ich glaube nicht, dass es so wäre, denn es ist meine Liebe, die mit diesem Kind gewachsen ist, weshalb ich demzufolge meinem leiblichen Kind niemals auf Anhieb die gleichen Gefühle entgegenbringen könnte.

Aus diesem Grund glaube ich, dass ein nicht biologischer Elternteil eines Kindes dieses genauso akzeptieren kann und nicht zwingend ablehnen muss. Es ist die Zeit und die Zuwendung, mit der der Zusammenhalt wächst, und nicht allein die Tatsache, dass ich der leibliche Vater oder die leibliche Mutter bin.

Deshalb lautet die Umkehrung: „Man kann auch ein fremdes Kind lieben" und „Ich lasse mir ein Kind unterjubeln", weil es die Wahrheit ist und ich, gesetzt den Fall, mein Kind wäre vertauscht worden, genau dies getan hätte. Ebenso stimmt die Umkehrung: „Mein altes Denken bringt meine Eltern auseinander" und nicht ein fremdes Kind.

Ein weiterer, sehr stressiger Glaubenssatz von mir lautete: „Ich kann machen, was ich will, es ist nie genug."

Es ist einfach paradox, aber ich habe es schon sehr oft erlebt. Je mehr ich mich für meine Kinder einbrachte, ihnen hilfreich unter die Arme greifen wollte, umso weniger hatte ich das Gefühl, dass sie dies in irgendeiner Weise anerkannten oder mich dafür respektierten.

Dazu möchte ich eine kleine Begebenheit erzählen.

Meine Tochter wollte mit ihrem Sohn, ihrer Freundin und deren kleinen Tochter ins Freibad gehen, doch es hatte geschlossen, obwohl es sehr warm war. Deshalb kamen sie zu mir und fragten mich, ob sie mit den beiden Kindern den Pool benutzen dürften. Ich bejahte, doch gleichzeitig sagte ich ihnen, dass ich fort müsse und keine Zeit für sie hätte.

Als ich spät abends wiederkam, war alles picobello aufgeräumt, das Geschirr abgewaschen und auf dem Küchentisch lag ein kleiner Zettel mit einem Smiley darauf. Darunter stand nur ein Wort: „Danke".

Ich musste mich erst einmal hinsetzen, so sehr hatte mich dieser kleine Zettel umgehauen. Unter Tränen schluchzte ich immer wieder: „Ich hab doch gar nichts gemacht!"

Ich hatte nicht einen Finger für meine Tochter gerührt und sie bedankte sich dafür!

Erst jetzt wird mir klar, wofür sie sich damals bedankte, nämlich dafür, dass ich zum ersten Mal nichts tat, weil ich ihr vertraute, dass sie alles so verlassen würde, wie sie es vorgefunden hatte.

Ich schenkte ihr zum ersten Mal in meinem Leben vollstes Vertrauen und damit hatte ich ihr das wunderbarste Geschenk gemacht, das eine Mutter ihrem Kind machen kann.

Dafür bedankte sie sich bei mir.

Mit der Umkehrung „Auch wenn ich nicht mache, was ich soll, ist es genug" erfahre ich eine andere Wahrheit und das bedeutet, dass alles, was ich auch tue, vollkommen genug ist. Ich muss nichts tun, um etwas zu beweisen.

Mit dieser neuen Erkenntnis muss ich mich nicht länger selbst unter Druck setzen, um meinen Kindern zu beweisen, wie sehr ich sie liebe.

Entweder sie glauben mir das oder nicht, wenn nicht, ist das nicht länger mein Problem.

Noch eine Umkehrung finde ich zu diesem Thema, sie lautet: „Das, was ich mache, ist genug." Das bedeutet, dass ich mir damit selbst erlaube, auch mal nichts zu tun, ich nicht ständig auf dem Sprung sein muss, um meinen Kindern zur Verfügung zu stehen.

Damit muss ich nicht länger meinen Gedanken folgen, die mir einreden: Du hast an deinen Kindern etwas gutzumachen.

„Meine Kinder rufen immer nach mir", diesen stressigen Gedanken trug ich ebenso in mir und er machte mich extrem wütend.

Es konnte doch nicht sein, sie waren doch erwachsen genug, um ihr Leben selbstständig zu meistern. Doch wie sollte das mit dieser inneren Überzeugung von mir gehen? Deshalb wollte ich jetzt wissen, ob dies auch wahr ist. Heraus kam das ganze Gegenteil, und zwar: „Ich rufe immer nach meinen Kindern", und das ist die Wahrheit.

Meine Kinder wollten mir damit vor Augen halten, dass ich es bin, die sie braucht und nicht sie mich brauchen. Sie wollten mir lediglich das Gefühl einer glücklichen Zeit zurückgeben, einer Zeit, in der mich meine stressigen Gedanken noch nicht beherrschten. Sie versuchten es wieder und wieder, doch ich wies ihr Geschenk zurück, weil ich dies nicht erkennen konnte.

„Mein inneres Kind ruft nach mir", mit dieser Umkehrung wird mir klar, wer in Wirklichkeit nach mir gerufen hat, es ist mein inneres Kind. Es wollte endlich von mir gesehen und nicht länger zurückgewiesen werden, so, wie ich es all die Jahre getan hatte. Es will mir ein großes Geschenk machen, denn „mein Glück ruft nach mir".

Mit diesen neuen Gedanken kann ich auch das Geschenk meiner Kinder annehmen, weil ich jetzt wieder klar sehen kann, und muss es nicht länger zurückweisen, denn damit „ruft das Leben nach mir".

Es sind noch acht Tage bis Weihnachten. Mir drängt sich ein Vergleich mit dem Leben auf, mit der Aussage, ich kann nur im Hier und Jetzt glücklich sein, weder in der Vergangenheit, weil sie vorbei ist, noch in der Zukunft, weil sie noch nicht existiert. Es stimmt nicht so ganz, denn ich kann die Vergangenheit noch einmal neu erstehen lassen, indem ich endlich mit den Lügen aufhöre und anfange, mir die wahre Geschichte zu erzählen.

Es ist die Weihnachtsgeschichte, die für mich nicht neu ist, deren wahre Bedeutung ich jedoch erst jetzt erfahre. Gestern sah ich einen Film, in dem es um zerrüttete Familienverhältnisse ging. Ein Ehepaar hatte mit ihrer pubertierenden Tochter im Winter eine Berghütte gemietet und wurde vollkommen eingeschneit. Die Eltern verbanden nur noch Hass, Streit und Lügen.

Die Frau hatte einen Geliebten und ausgerechnet, als beide ihre Gefühle füreinander wieder neu entdeckten, sah der Mann durch einen Zufall auf dem Handy seiner Frau die Liebesbeteuerungen ihres Liebhabers. Daraufhin bekam er einen Herzanfall und seine Frau machte sich in panischer Angst zu Fuß auf den Weg, um Hilfe zu holen.

Beide wurden gerettet, doch ein Satz der Tochter berührte mich zutiefst. Als sie glaubte, ihre Eltern verloren zu haben, sagte sie sinngemäß: „Ich habe beide gehasst, doch das stimmt nicht, ich liebe sie über alles und jetzt kann ich es ihnen nicht mehr sagen."

Diese Wahrheit spürte ich schon lange in mir. Doch meine Gedanken erzählten mir eine ganz andere Geschichte, eine Geschichte, in der es nur Hass, Streit und Lügen gab.

Auch ich bedauerte zutiefst, dass ich die Wahrheit meinen Eltern nicht mehr erzählen konnte. Doch das stimmt nicht, denn diese Geschichte ist die Wirklichkeit und dafür ist es nie zu spät.

„In unserer Familie gibt es nur Hass und Streit", das war mein Glaubenssatz, den ich viele Jahre meines Lebens für die Wahrheit hielt, doch das war sie nicht. Ich liebte meine Eltern sehr und auch sie liebten mich, auch wenn ich das erst erkennen konnte, nachdem sie nicht mehr lebten.

Mit dem neuen Glaubenssatz „In unserer Familie gibt es nicht nur Hass und Streit" finde ich meinen inneren Frieden und kann mich mit meiner Familie wieder tief verbunden fühlen. Erst damit kann ich auch mit meiner Vergangenheit in Frieden abschließen und lande in der Gegenwart, im Hier und Jetzt, dem Einzigen, was zählt.

Einem Menschen zu vergeben, der einem selbst sehr wehgetan hat, fällt vielen schwer, manchen gelingt das überhaupt nicht. Doch damit vergeben sie selbst eine große Chance, ihren Frieden wiederzufinden, so, wie das Wort schon sagt, in doppelter Bedeutung. Mit ihrer Unfähigkeit, die Unschuld in allen Menschen zu sehen, sind sie auch unfähig, ihre eigene Unschuld zu erkennen, und machen sich damit das Leben schwer.

Vergebung bedeutet deshalb in erster Linie, dass ich meinen Schmerz annehme und mir bewusst mache, dass nichts mehr rückgängig gemacht werden kann.

Meine Verletzung steht im Raum, das ist die Realität und nichts anderes. Verharre ich jedoch in meinem Schmerz, vergebe ich damit die Möglichkeit, aus der Situation zu lernen. Denn Schmerz bedeutet nichts anderes als alte, angesammelte Emotionen, die an die Oberfläche drängen. Sie haben rein gar nichts mit der aktuellen Situation zu tun, sondern erinnern mich an alten Schmerz.

Erlaube ich mir nicht, diesen alten Schmerz zu spüren und ihm nachzuforschen, dann entwickelt er in meinem Inneren eine

Kraft, die bei der nächstbesten Gelegenheit explosionsartig entweichen muss und dann einfach nicht mehr zu kontrollieren ist.

Aus diesem Grund bedeutet Vergebung in erster Linie Vergebung für mich selbst. Denn ob der Verletzende auf Vergebung pocht, bleibt dahingestellt, vielleicht ist ihm das auch völlig egal. Oftmals ist es ihm noch nicht einmal bewusst, wie verletzend sein Verhalten war.

Doch wenn es mir nicht gelingt zu vergeben, dann bin ich der einzige Mensch, der darunter leiden muss. Mir bleibt dann nichts anderes übrig, als meinen Schmerz in mein Unterbewusstsein zu verdrängen, um ihn in Schach halten zu können.

Doch damit ist er nicht weg, wie ich es am Anfang meines Buches schon beschrieben hatte.

Somit ist Vergebung in erster Linie kein Akt von Nächstenliebe, sondern ein Akt von Selbstliebe. Damit will ich nicht sagen, dass dies leicht sei, weil man oftmals zu tief verletzt wurde. Doch es ist die einzige Möglichkeit, sich von seinem Schmerz zu befreien, um mit der ganzen Sache in Frieden abzuschließen.

Deshalb lähmt mich der Gedanke „Ich kann nicht vergeben" in meiner Kraft und Lebensfreude enorm. Gelingt es mir nicht, dann leiden nur ich und kein anderer zeit meines Lebens darunter.

Erst mit der Umkehrung kann ich mich davon befreien. Sie lautet: „Ich darf vergeben." Diese schenkt mir wieder meine Lebensfreude, weil ich etwas zu geben habe und nicht länger ein Opfer bleiben muss.

Aus diesem Grund verinnerliche ich mir einen neuen Gedanken. „Ich kann vergeben."

Damit meine ich jedoch nicht, dass ich vergessen soll, was mir angetan wurde, denn was mir geschah, ist Realität und lässt sich nicht mehr rückgängig machen.

Ich meine den Schmerz, weil er lediglich eine Illusion meiner Gedanken ist und die kann ich getrost vergessen.

Fast jeder kennt den Begriff „all inclusive", zumindest vom Urlaub her. Es bedeutet nichts anderes, als dass Verpflegung und Unterkunft im Preis inbegriffen sind, ich mich quasi um nichts mehr zu kümmern brauche. Zu diesem Thema kam ich, als mein Bruder ein Fotobuch von sich mitbrachte.

Im Sommer startete das Projekt einer Heilerziehungsklasse für Gesundheit und Soziales, die es sich als Ziel setzte, die Inklusion behinderter Menschen in Form eines Fotoshootings voranzutreiben. Dies warf bei mir die Frage auf, ob diese Menschen wirklich behindert sind oder es nur unser Denken ist, das sie zu Behinderten macht, denn sie selbst empfinden sich ja als ganz normal.

Wenn ich zum Geburtstag meines Bruders inmitten der Bewohner sitze, empfinde ich jedes Mal eine Atmosphäre des Friedens und der Verbundenheit. Da wird jeder so akzeptiert, wie er ist, und es herrscht eine heitere Gelassenheit. Ich habe das Gefühl, dass sie sich gegenseitig Halt und Stütze sind.

Wir Menschen sind wie ein Puzzlespiel, ein Puzzleteil passt haargenau zum anderen, sodass wir schließlich zu einem großen Ganzen werden. Was der eine nicht hat, besitzt der andere und nur so können wir uns gegenseitig ergänzen. Sobald wir uns abgrenzen, indem wir uns für besser, für intelligenter halten und andere als „behindert" ansehen, stellen wir uns gegen den Strom des Lebens und können nichts von ihnen lernen.

Dabei haben sie uns so viel zu geben, was uns fehlt. Von ihnen können wir lernen, wieder ein Stück unbekümmerter zu sein, sich keine Gedanken um die Zukunft zu machen, denn sie vertrauen einfach darauf, dass für sie gesorgt wird. Sorgenvolle Gedanken kennen sie kaum und können deshalb gut im Hier und Jetzt leben.

Mein stressiger Glaubenssatz dazu lautete: „Behinderte sind nicht normal."

Er ist deshalb falsch, weil unser Denken falsch ist, ich sie somit nicht als „normal" ansehen kann, solange ich ihm folge. Erst wenn ich mir die Umkehrung verinnerliche, „Behinderte sind normal", kann ich sie in mein Leben integrieren und wir können uns gegenseitig ergänzen. Das bedeutet dann für mich Inklusion behinderter Menschen.

Auch der Gedanke „Behinderte brauchen immer Unterstützung" ist eine Lüge, denn die Wahrheit ist: „Behinderte brauchen nicht immer Unterstützung."

Indem ich mir vor Augen halte, dass es durchaus Dinge gibt, die auch ein „Behinderter" kann, erkenne ich, wie falsch diese Aussage ist, denn allein schon das Wort „immer" ist eine Lüge.

Damit kann ich noch einer Umkehrung folgen und sie lautet: „Mein Denken braucht immer Unterstützung." Das bedeutet, dass mein Denken die Unterstützung meines Herzens braucht, um dahin geführt zu werden, wo ich schon immer hin wollte, in ein glückliches, erfülltes Leben.

Aus diesem Grund gewähre ich meinem Denken jegliche Unterstützung, die es braucht, um in die richtige Richtung zu denken, und zwar in die Richtung, die ihm mein Herz vorgibt.

Neulich im Supermarkt begegnete ich einem jungen Mann mit seinem Begleiter. Er litt offensichtlich an Mongolismus und wäre allein wohl nicht in der Lage, einkaufen zu gehen.

Mein erster Gedanke war: Was ist das für ein Leben, wenn du für jeden Schritt Betreuung brauchst?

Ist das Leben noch lebenswert, wenn ich andere über mich bestimmen lassen muss? Lohnt sich solch ein Leben überhaupt noch, bin ich dann nicht entmündigt, weil ich nicht mehr über mich selbst bestimmen kann?

Auch das wollte ich überprüfen und stellte fest: „Als Behinderter ist das Leben nicht mehr lebenswert."

Ein schrecklicher Gedanke, denn es gibt doch durchaus Behinderte, die ihrem Leben einen neuen Sinn gegeben haben und nicht daran verzweifelten. Auch dieser junge Mann, den ich traf, hatte offensichtlich mit seiner Behinderung keinerlei Probleme.

Es war wieder mal mein altes Denken, das mir einreden wollte, dass mit einer Behinderung mein Leben nicht mehr lebenswert wäre.

Mit der Umkehrung erfuhr ich auch, weshalb „mit meinem alten Denken mein Leben nicht mehr lebenswert ist", weil es die Wahrheit ist.

Es ist die Angst meines alten Denkens, das um seine Vorherrschaft fürchtet, wenn es irgendwann nicht mehr das Sagen über mich hätte. Denn gerade bei geistig Behinderten ist der Verstand weitgehend ausgeschaltet und kann sie mit seinen stressigen Gedanken nicht behindern.

Von dieser Seite aus betrachtet sind eigentlich wir „Normale" behindert, solange wir uns von unseren negativen Gedanken beherrschen lassen, und können deshalb nicht gut im Hier und Jetzt leben, sondern nur in ständiger Sorge um die Zukunft. Wir machen uns über alles Mögliche Sorgen, was geistig Behinderte nicht kennen.

Aus diesem Grund kann ich diesen jungen Mann als ganz normal ansehen, weil sein Leben für ihn ganz normal ist und er sich nicht bevormundet fühlt.

„Auch als Behinderter ist das Leben lebenswert" und „Als Mensch ist das Leben lebenswert" – mit diesen beiden Umkehrungen kehre ich zur Wahrheit zurück und muss diesen jungen Mann nicht länger bedauern.

Auch die Umkehrung „Alles Leben ist lebenswert" ist die Wahrheit und lässt mich voller Respekt gegenüber allem Leben sein, ob nun behindert oder nicht.

Ein einziges Mal bekam ich von meinem Vater eine Tracht Prügel, da war ich etwa fünf Jahre alt.

Seine Mutter lebte in Bayern und schickte uns ab und zu ein Paket.

In einem befanden sich einmal zwei Lederhosen, eine für meinen Bruder und eine sollte für mich sein. Natürlich mit Hosenträgern, wie es in Bayern halt so üblich ist.

Für mich allerdings war es eine Katastrophe. Ich, ein Mädchen, sollte aussehen wie ein Junge. Alles in mir sträubte sich gegen diesen Gedanken und ich weigerte mich mit Händen und Füßen, sie anzuziehen. Deshalb verprügelte mich mein Vater nach allen Regeln der Kunst.

Ich glaube, die körperlichen Schmerzen spürte ich nicht so sehr wie die Vorstellung, dass mein Vater mich nicht lieben könne, wenn er mich verprügelt, nur weil ich aussehen wollte wie ein Mädchen.

„Ich soll aussehen wie ein Junge", lautete der Gedanke, der diesen Stress in mir auslöste. Da war es kein Wunder, dass ich mich mit Händen und Füßen dagegen wehrte.

Doch weshalb reagierte mein Vater so brutal, was veranlasste ihn zu dieser Überreaktion? Das wollte ich jetzt wissen, denn diesen Schmerz spürte ich immer noch in mir.

Erst viel später kam mir urplötzlich in den Sinn, dass er uns einmal erzählt hatte, wie er im Krieg einen Granatsplitter auf der Brust abbekam und nur der breite Lederhosenträger ihm das Leben gerettet habe.

Nun verstand ich seine Reaktion. Die Lederhose hatte ihm das alles wieder unbewusst in Erinnerung gebracht, all die panischen Ängste, die er an der Front erleiden musste, waren plötzlich wieder da. Und ausgerechnet sein Kind weigerte sich, diese anzuziehen.

Ich glaube, diese Überprüfung erschütterte mich am allermeisten, und sie lässt mich nur ahnen, wie es in meinem Vater ausgesehen haben musste, was der Krieg in seiner Seele angerichtet hatte. Da wundert es mich nicht mehr, dass auch wir Kinder das zu spüren bekamen, nicht nur körperlich, sondern auch seelisch.

Mit der Umkehrung „Ich darf aussehen wie ein Mädchen" kann ich mit dieser Geschichte in Frieden abschließen, weil es die Wahrheit ist und ich mir das jetzt wieder selbst erlaube.

Aus diesem Grund bin ich davon überzeugt, dass viele Väter oder auch Mütter, die ihren Kindern Gewalt angetan haben, selbst nicht wissen, warum sie es taten, tun mussten.

Es gibt da einen ungeheuren Druck in ihnen, unverarbeitete traumatische Erlebnisse herauslassen zu müssen, die sie mit ihrem bewussten Verstand nicht steuern können. Sie sind sich einfach nicht darüber im Klaren, was sie damit anrichten.

Dieses Trauma wartet nur auf eine passende Gelegenheit, um sich mit aller Wucht zu zeigen, damit es überwunden werden kann.

Solange wir das nicht erkennen, muss es immer größere, schmerzlichere Ausmaße annehmen, bis wir endlich bereit sind, unseren Schmerz anzunehmen, um uns davon zu befreien.

Es hilft mir nicht, wenn ich mir sage, lass die alten Geschichten ruhen, das ist lange vorbei. Denn das ist es nicht, dieser Schmerz in mir ist noch sehr lebendig, er will endlich von mir gefühlt werden, damit ich dem stressigen Gedanken auf die Schliche komme, der sich dahinter verbirgt. Erst dann kann mich der Schmerz verlassen und nicht eher.

Es erfordert allerdings großen Mut, vor allem bei Männern, den Schmerz anzunehmen.

Weil sie sich einreden – wie sie es als kleiner Junge oft gehört hatten –, Schmerzen seien nur was für Feiglinge, etwa nach dem Motto „Ein Indianer kennt keinen Schmerz" oder „Ein Junge heult doch nicht".

Doch ist das wirklich wahr, kennt ein Mann wirklich keinen Schmerz? Darf ein Junge wirklich nicht heulen?

Ich glaube nicht, denn auch ein Mann ist ein menschliches Wesen und empfindet Schmerz wie jeder andere auch. Diese Verneinung des Schmerzes hat fatale Folgen, denn diese zeigen sich zuerst im eigenen Körper und in der Seele, der Mensch wird körperlich oder physisch krank.

Erst mit der Umkehrung kann man mit dieser Lüge aufhören und sie lautet: „Auch ein Indianer kennt Schmerz" und „Auch ein Junge darf heulen".

Ich glaube, unter dieser „Krankheit" leiden viele Männer, weil sie sich sagen, ein Mann dürfe sich keinen Schmerz zugestehen, obwohl er genauso real ist wie bei jedem anderen Menschen auch.

Wir Frauen haben oftmals die Überzeugung, dass wir in Bezug auf Krankheiten widerstandsfähiger seien als Männer. Das ist auch kein Wunder, denn wir Frauen erlauben uns, den Schmerz eher zu spüren als die Männer, und dafür belächeln wir sie noch. Ach, die Männer fühlen sich bei jedem Schnupfen todsterbenskrank.

Doch das hat nur den Anschein, in Wirklichkeit halten sie uns unsere eigene Ängstlichkeit gegenüber Krankheiten vor Augen, weil wir diejenigen sind, die hinter jedem noch so kleinen Anzeichen eine schwere Erkrankung vermuten. Wir folgen dem Gedanken „Lieber zehnmal umsonst zum Arzt als gar nicht". Doch damit folgen wir einer Lüge, denn die Wahrheit ist: „Lieber gar nicht umsonst zum Arzt als ein Mal zu viel."

Das ist nicht leicht zu verstehen und doch ist es wahr, denn es bedeutet, dass ich den Arzt nur dann aufsuchen soll, wenn ich ihn auch wirklich brauche, und nicht, weil ich hinter jedem Zipperlein gleich eine lebensbedrohliche Krankheit vermute.

Jede kleine Veränderung an unserem Körper oder das Nachforschen in unserer Familie, ob wir vielleicht erblich vorbelastet seien, lässt unsere Alarmglocken schrillen.

Nicht zuletzt sorgt „Doktor Internet" dafür, unsere Ängste und negativen Prophezeiungen anzustacheln.

Doch das müssen wir nicht länger mitmachen, denn es gibt noch eine Wahrheit, sie lautet: „Lieber zum Arzt als zu meinen stressigen Gedanken", und bedeutet, dass ich beim Arzt besser aufgehoben bin, als wenn ich meinen stressigen Gedanken vertraue.

Das ist deshalb wahr, weil es die Passion des Arztes ist, den Menschen körperlich zu heilen, und nicht, ihm Schmerzen zuzufügen, so, wie es unser altes Denken tut.

Doch was er nicht vermag, ist, unsere Seele zu heilen, dies kann nur Gott, sobald wir es zulassen und ihm folgen.

Aus diesem Grund schafft es der beste Arzt nicht, einen Menschen körperlich gesund zu machen, solange seine Seele krank ist.

„Der Arzt heilt und Gott verbindet." Das bedeutet, dass Gott den Körper mit der Seele verbindet und der Mensch nur dann wahrhafte Heilung erfahren kann. Denn wie kann ein Mensch gesund werden, solange er nicht daran glaubt? Da können ihm der beste Arzt und die fortschrittlichste Medizin nicht helfen.

Für diesen Unglauben ist ein stressiger Gedanke verantwortlich. „Mir kann keiner helfen." Das ist eine große Lüge. Denn die Wahrheit ist: „Mir kann Gott helfen", aus dem einfachen Grund, weil Gott mich erschaffen hat und keiner sich besser auskennt als mit dem, was er selbst erschaffen hat.

Man könnte nun zu der Schlussfolgerung gelangen, Ärzte seien überflüssig. Doch das ist eine Lüge, weil die Wahrheit eine andere ist, und zwar: „Mein altes Denken ist überflüssig."

Auch die Ärzte hat Gott erschaffen, um den menschlichen Körper zu heilen, denn das kann Gott wiederum nicht, sie sind quasi sein verlängerter Arm.

Doch erst beide zusammen können den Menschen ganzheitlich heilen und ihn von seinem Leid befreien.

„Risiken und Nebenwirkungen entnehmen Sie der Packungsbeilage", wer kennt diese Aufforderung nicht, die sich in jeder Tablettenschachtel befindet.

Wenn man dies liest, dann könnte man zu der Auffassung gelangen, dass ich Geld dafür ausgeben soll, um mir neue Krankheiten zu kaufen.

Vielleicht heile ich mit der Einnahme von Tabletten eine Krankheit, bekomme dafür als „Gegenleistung" jedoch eine andere. Nichts anderes besagt diese Warnung.

Doch ist das auch wahr, muss ich immer mit Risiken und Nebenwirkungen rechnen, wenn ich gesund werden will? Muss ich wirklich dieses Opfer bringen?

Auch hier gibt es eine andere Wahrheit. „Risiken und Nebenwirkungen entnehme ich den stressigen Gedanken." Denn wahr ist, keiner muss ein Opfer bringen, um gesund zu werden, aus dem einfachen Grund, weil Gesundheit an Körper und Seele unser aller natürlicher Zustand ist.

Was uns krank macht, ist unser altes Denken, dem es nur darum geht, recht zu behalten, und nicht um Gesundheit.

Die Umkehrung lautet: „Mein neues Denken kennt keine Risiken und Nebenwirkungen", und bedeutet, dass ich auch ohne Risiken und Nebenwirkungen gesund werden kann, denn die Wahrheit kennt keine. Sie verlangt kein Opfer von mir, sie will nur eines, dass ich gesund werde.

„Vertrauen und Zuversicht entnehme ich meinem neuen Denken." Das ist ebenso die Wahrheit, denn nur mit diesen neuen Gedanken bekomme ich Vertrauen in meine Heilung und kann ich wirklich gesund werden.

Mit der Aussage, Schmerz ist nur eine Illusion unseres alten Denkens und nicht die Wirklichkeit, eröffnet sich in mir jedoch ein neuer Konflikt, denn mein Leiden und das vieler Menschen erleben wir ganz real, das bilden wir uns doch nicht ein.

Doch ist das wirklich ein Widerspruch?

Ich glaube nicht, denn dieser Schmerz, den wir spüren, ist lediglich alter, noch sehr lebendiger Schmerz, der endlich gefühlt werden will, weil ich ihn mir aus irgendwelchen Gründen selbst verboten hatte. Er will einfach nur endlich gefühlt und losgelassen werden, damit ich mir neue Gedanken verinnerlichen kann, die nichts mehr mit Schmerz zu tun haben. Weil ich jetzt ja weiß, dass Schmerz nur eine Illusion meines alten Denkens ist und nicht die Realität.

Deshalb muss ich auch nicht länger dem stressigen Gedanken folgen: „Schmerz ist nur Einbildung", denn die Wahrheit ist: „Mein altes Denken ist nur Einbildung."

Zu dieser Wahrheit gelange ich jedoch erst dann, wenn ich jeden auch noch so kleinen Schmerz aus der Vergangenheit gefühlt und losgelassen habe und nicht eher.

Erst dann wird mein Leben so verlaufen, wie ich es schon immer wollte, und wird nichts mehr mit dem Leben gemein haben, welches ich mit meinen Ängsten, meinen Sorgen und Minderwertigkeitsgefühlen durchleben musste.

Doch ebenso wird es Zeit, mit noch einem extrem stressigen Gedanken aufzuräumen, einer Lüge, die lautet: „Eine Frau muss immer leiden."

Denn die Wahrheit ist: „Keine Frau muss leiden" – einfach deshalb, weil ich mir meiner eigenen Kraft bewusst geworden bin und nicht länger dem folge, was schon unsere Vorfahren glaubten zu sein, wertlos, hilflos, schwach und zum Leiden geboren.

Dieser Lüge folgten schon seit Hunderten von Jahren Frauen wie Männer gleichermaßen und sie ist auch der Grund, weshalb manche Männer ihre Frauen entsprechend behandeln und gar nicht anders können.

Wir werden genau so behandelt, wie wir von uns überzeugt sind und uns selbst behandeln.

Es nützt auch nichts, gewalttätige Männer noch härter zu bestrafen, solange wir diese extrem stressigen Überzeugungen in uns tragen, die uns gar nicht bewusst sind.

Deshalb haben wir nur eine Chance und die lautet: „Bewusstwerdung", indem wir uns klarmachen, was die Ursache dieser zerstörerischen Kraft in uns ist, welche stressigen Gedanken in uns diese Gefühle tiefer Ohnmacht auslösen und wieder und wieder dafür sorgen, uns demütigen zu lassen und zu demütigen.

Mit dem neuen Gedanken „Eine Frau darf glücklich sein" gelingt es mir, mich von all dem zu befreien und meiner natürlichen Weiblichkeit und nicht dem Opferlamm in mir den Vortritt zu lassen.

Das bedeutet, dass ich damit das erreiche, was ich mit allem Kämpfen nicht erreichen konnte, nämlich eine Frau zu sein, die von sich selbst und von anderen wertgeschätzt wird.

Selbst die emanzipierteste Frau muss diesen stressigen Gedanken, dass eine Frau zum Leiden geboren ist, in sich tragen. Sie wehrt sich jetzt unbewusst dagegen, weil er eine Lüge ist.

Das bedeutet ebenso, dass ich nicht länger zur Furie werden muss, wenn mein Mann mir seine Wertschätzung versagt und ich sie von ihm einfordern will.

Denn darauf kann ich lange warten, und zwar so lange, bis ich endlich munter werde und die Wahrheit erkenne. Denn es ist nicht mein Mann, der mich gering schätzt, sondern das bin ich selbst.

Doch es gibt auch Beziehungen, bei denen es genau anders herum funktioniert, in denen der Mann bei seiner Frau Wertschätzung einfordern will und sie ihm diese verwehrt – leider oder besser gesagt, dank der heutigen Emanzipation.

Auch hier gibt es eine andere Wahrheit, denn kein Mann muss Wertschätzung einfordern. Diese kann er sich nur selbst zugestehen, indem er nicht länger der Vorstellung folgt, ein Weichei und Versager zu sein, weil das kein Mann von Natur aus ist.

Es sind lediglich seine Gedanken, die ihm das einreden und denen er folgt.

Ihm ist seine männliche Kraft genauso in die Wiege gelegt wie uns Frauen unsere natürliche Weiblichkeit.

Unter diesen falschen Gedanken leiden jedoch nicht nur wir Frauen, sondern genauso die Männer. Denn die Wahrheit ist, Männer wollen ihre Frauen lieben und achten. Doch mit ihren unbewussten Gedanken sorgen sie selbst dafür, dass sie von den Frauen abgelehnt werden. Schließlich will keine Frau mit einem Mann zusammenleben, der von sich selbst glaubt, ein Versager zu sein.

Ein Kreislauf, der kein Ende nimmt und für immer stressigere Situationen sorgt, solange ich mir dessen nicht bewusst bin und jeder glaubt, vom anderen verletzt zu werden.

Dabei wollen beide ein und dasselbe, lieben und geliebt werden.

Ebenso kann ich nur spekulieren, welcher Gedanke meinen Vater angetrieben hat, so aggressiv zu reagieren und seine fünfjährige Tochter zu verprügeln.

„Leben bedeutet Leid und Schmerz", das muss es gewesen sein. Dagegen musste er sich einfach zur Wehr setzen und konnte gar nicht anders, weil es eine große Lüge ist.

Erst die Umkehrung hätte für ihn die Wahrheit ans Licht gebracht. „Krieg bedeutet Leid und Schmerz."

Der Krieg war zwar vorbei, in seinem Inneren jedoch nicht, da trieb er weiter sein Unwesen.

Mein Vater konnte diese Wahrheit zeit seines Lebens nicht mehr erfahren. Doch das ist nur die halbe Wahrheit, denn indem ich sie erkenne, kann ich Frieden mit ihm schließen und muss seinen inneren Krieg nicht länger fortführen.

Denn auch ich habe Krieg mit ihm geführt, indem ich seine unbewussten Gedanken übernahm und damit die innere Überzeugung, das Leben bestehe nur aus Leid und Schmerz.

Damit will ich Gewalt gegen Kinder nicht beschönigen, es ist das Schlimmste, was ein Vater seinem Kind antun kann. Doch Verurteilung und blinder Hass helfen weder dem Kind noch dem Vater oder dem Verurteilenden.

Kann ich die Situation annehmen, wie sie ist, indem ich meinen Schmerz annehme und nichts verurteile, dann kann ich die Liebe erkennen, die sich dahinter verbirgt.

So, wie mein Vater aus lauter Angst um mich in dieser Weise reagiert hat, weil ihm das einfach nicht bewusst war. Letztendlich konnten wir beide nicht begreifen, was da vor sich ging. Begriffen habe ich damals nur eines, mein Vater liebt mich nicht. Und er musste sich nach diesem Vorfall noch schlechter fühlen als vorher und sich selbst dafür verurteilen, ein schlechter Vater zu sein.

Aus dieser Erkenntnis heraus und weil ich meinen Vater sehr geliebt habe, ihn immer lieben werde und er für mich der beste Vater war, den ich bekommen konnte, kann ich ihm leichten Herzens alles vergeben.

Damit kann ich noch einen stressigen Gedanken in mir erkennen, der mich mit großem Schmerz erfüllt. „Ich habe meinem Vater unrecht getan."

Er belastet mich deshalb so, weil ich ihm jetzt nicht mehr sagen kann, wie leid mir das alles tut. Und ich ihn nicht mehr umarmen kann, um ihm zu zeigen, wie sehr ich ihn liebe.

Mit der Umkehrung erfahre ich die Wahrheit. „Ich habe meinem Vater recht getan."

Indem ich begann, mich meinem Innersten zuzuwenden, meinen Schmerz annahm und nicht zuletzt, weil ich meine Zweifel überwand, über all das so öffentlich zu schreiben, gebe ich meinem Vater das Recht, mein Mitgefühl und die Liebe, die er zeit seines Lebens vergeblich gesucht hatte, wieder zurück.

Nur wegen uns Kindern harrte er in einer lieblosen, hasserfüllten Beziehung aus und machte uns damit ein großes Geschenk, das ich damals jedoch nicht erkennen konnte, weil ich ja fest davon überzeugt war, mein Vater liebe mich nicht.

So, wie auch meine Mutter von der Lieblosigkeit meines Vaters fest überzeugt gewesen sein musste, denn auch sie folgte lediglich dem Glaubenssatz, Leben bedeute Leid und Schmerz.

Zu diesem Thema gibt es noch eine Umkehrung und sie lautet: „Ich habe mir Unrecht getan", denn nichts anderes tat ich, weil ich mich für alles Leid in meiner Familie verantwortlich machte und die Überzeugung in mir trug, nicht glücklicher als meine Familie sein zu dürfen. Auf irgendeine Art müssen meine Eltern sich jedoch geliebt haben, sonst wären sie nicht ein Paar geworden und hätten nicht so vielen Kindern das Leben geschenkt.

Mit dieser Erkenntnis finde ich meinen inneren Frieden und muss nicht länger der Überzeugung folgen, meine Eltern hätten viel früher eigene Wege gehen sollen.

Es war ihr Weg, den sie gewählt hatten, auch wenn er sie von Gott weggeführt hat, und sollte auch so sein, wie alles im Leben seinen Sinn hat.

Mit ihrem Leben wollten sie mir zeigen, wie ich es besser machen soll. Sie machten mir damit das größte Geschenk, das man seinem Kind machen kann, indem sie mir zutrauten, dass ich es schaffte.

Oft genug bekamen wir von unseren Eltern zu hören, wie sie sich wünschten, dass es uns einmal besser gehen solle, und sie sonst etwas dafür geben würden.

Auch diesen Wunsch meiner Eltern hatte ich vergessen. Er drängt sich mir erst jetzt wieder ins Bewusstsein und bekommt damit eine neue Bedeutung für mich, die ich so langsam beginne zu verstehen.

Sie haben nicht nur sonst etwas gegeben, sondern das Wertvollste, was sie besaßen, sie opferten ihr Glück für uns.

Mit dieser neuen Erkenntnis kann ich mit allem, was mir geschah, voller Liebe und Dankbarkeit meinen Eltern gegenüber in Frieden abschließen. Damit kehre ich zu meinen Wurzeln zurück, von denen ich mich selbst abgeschnitten hatte. Erst diese Rückkehr ermöglicht es mir, frei zu sein und mein eigenes Leben zu leben.

Doch solange ich das nicht sah, musste ich dem Leid meiner Eltern blindlings folgen und ihre Überzeugung ebenso leben.

Die Wahrheit hinter all dem Leid zu erkennen, ist die Aufgabe, die jeder Mensch meistern muss, wenn er Glück und Erfüllung erleben will. Und ich muss nicht länger alles für bare Münze nehmen, was meine Eltern gesagt, gedacht oder gefühlt haben.

Erst dann bin ich wirklich frei, meinen eigenen Weg zu gehen, um meine Wahrheit zu finden.

Ebenso überzeugt bin ich davon, dass bereits in der Kindheit die Berufung eines jeden Menschen festgelegt ist. Dies zeigt sich uns in Dingen, mit denen wir uns am liebsten beschäftigen und die Zeit darüber vergessen, weil wir so vertieft darin sind.

Es sind aber auch die Dinge gewesen, die unsere Eltern oftmals zur Verzweiflung brachten, weil wir nichts anderes mehr im Kopf hatten.

Daraufhin verfestigte sich in uns der Gedanke: „Ich darf nicht das machen, was mir Spaß macht", und sorgte dafür, dass wir uns jedes Mal schuldig fühlten, wenn wir es damit übertrieben. Wir fühlten uns eingeengt, in unserer Freiheit beschnitten und letztendlich auch schuldig, weil wir glaubten, etwas Verbotenes zu tun.

Eine schwerwiegende Entscheidung, denn wir folgten einer Lüge. Die Wahrheit ist: „Ich darf das machen, was mir Spaß macht." Ebenso wahr ist die Umkehrung. „Ich muss das machen, was mir Spaß macht." Sie bedeutet, dass ich nur so zu meiner wahren Berufung finden kann und mich auch nur so mit anderen verbunden fühle.

„Mir geht etwas gegen den Strich", wenn ich etwas tue, was meiner inneren Überzeugung widerstrebt, ich also eine Tätigkeit verrichte, die mir in Wirklichkeit gar nicht liegt.

Erst wenn ich „mit dem Strich gehe", kann ich das tun, was mir wirklich liegt, und muss mich nicht jeden Tag zu etwas zwingen, wovon ich mich innerlich schon längst verabschiedet habe.

„Mir kommt etwas entgegen", sobald ich dem ursprünglichen, stressigen Gedanken nicht länger folge, und bedeutet, dass mir damit meine wahre Berufung entgegenkommt.

Sicherlich werden sich jetzt alte Menschen, die bereits ihren Lebensabend verbringen, fragen, was bringt mir das alles jetzt noch? Berufung ist schön und gut, doch damit ist es für mich zu spät.

Diese Frage ist auch berechtigt, doch nicht die ganze Wahrheit. Denn der tiefere Sinn der Berufung eines Menschen besteht darin, sich selbst glücklich zu machen. Und dies kann man auch noch im hohen Alter, indem ich nicht länger dem stressigen Gedanken folge „Im Alter ist alles vorbei", weil er eine Lüge ist.

Denn die Wahrheit lautet: „Solange ich lebe, ist nichts vorbei."

Dieser neue Gedanke lässt mich wieder am Leben teilhaben und gibt mir neue Energie. Schließlich geht es im Leben nur um das eine, Freude am Leben zu haben.

Doch wie kann ich dies mit solch düsteren Gedanken, dass schon alles vorbei sei? Das ist einfach unmöglich.

„Im Alter ist alles anders", so lautet noch eine Umkehrung und ist ebenso die Wahrheit. Und damit meine ich die Weisheit, die Gelassenheit und die Schönheit des Alters, die sich in jeder Falte im Gesicht eines Menschen zeigt und uns zu der Überzeugung gelangen lässt, im Alter sei noch nicht alles vorbei.

Denn es ist das, worüber ein junger Mensch noch nicht verfügt – Lebenserfahrung.

Somit können sich Jung und Alt ergänzen und die Jüngeren können mit ihrer Wertschätzung den Älteren das Gefühl geben, noch gebraucht zu werden.

„In der Jugend ist alles vorbei" lautet auf den ersten Blick diese etwas seltsame Umkehrung und ist doch die Wahrheit. Dies bedeutet, dass auch schon in der Jugend alles vorbei sein kann und ich nicht mehr am Leben teilhabe, wenn ich mich von meinen Ängsten und Sorgen beherrschen lasse.

Doch das muss ich nicht länger, denn „mit meinem alten Denken ist es vorbei", sobald ich mich dazu entschließe, ihm nicht weiter zu folgen.

„Ich darf nicht ich selbst sein", dieser extrem zerstörerische Glaubenssatz begleitete mich fast die ganze Zeit meines Lebens. Wenn ich nicht ich selbst sein darf, wer darf ich dann sein? Diese Frage stellte ich mir nie bewusst, weil ich auch nie wusste, dass ich diesen Gedanken in mir trug.

Wie kann ich also an meinem Leben etwas ändern, wenn ich gar nicht weiß, dass er in mir existiert?

Erst mit der Umkehrung erfahre ich die Wahrheit „Ich darf ich selbst sein" und gebe mir damit meine eigene Identität zurück, indem ich mir das wieder selbst erlaube.

Somit weiß ich jetzt auch, dass so unendlich viel mehr in uns allen verborgen ist, von dem wir keinerlei Ahnung haben und das nur darauf wartet, von uns erforscht zu werden.

„Ich darf nichts" – auch mit diesem Gedanken bin ich weit davon entfernt, ich selbst zu sein, denn die Umkehrung lautet: „Ich darf alles." Ich darf glücklich sein, ich darf mir all meine Herzenswünsche erfüllen, ich darf mit meinen Talenten und Begabungen mich und andere glücklich machen, ich darf das Leben führen, von dem ich schon immer geträumt habe.

All dies darf ich unter einer einzigen Bedingung, ganz ich selbst zu sein, indem ich mich nicht länger den Zwängen meiner stressigen Gedanken und Glaubenssätzen unterwerfe und einem neuen Gedanken folge: „Ich darf glücklich sein."

Dies hatte ich mir verboten und nur ich kann dieses Verbot auch wieder aufheben und kein anderer.

Noch einen stressigen Gedanken gibt es zu diesem Thema: „Ich muss glücklich sein."

Er bedeutet nichts anderes, als dass ich es noch nicht bin, aber mit aller Macht darauf hinarbeite, unbedingt glücklich zu sein.

Doch mit diesem Druck muss das Glück sich von mir entfernen und kann gar nicht anders.

Erst wenn ich jeden Druck herausnehme, kann das Glück auch zu mir kommen und nicht eher.

Dazu muss ich mir erst bewusst werden, dass ich in diesem Moment nicht glücklich bin, und es so akzeptieren.

Das können viele nicht und fragen sich, wieso sind alle anderen glücklich und nicht ich? Genauso wie ich an dieser Frage bald verzweifelte.

Doch damit drehen sie sich im Kreis und können nichts für sich tun.

Annehmen, was ist, lässt mich innehalten und erkennen, dass ich immer denselben Wegen gefolgt bin, wie in einem Labyrinth den Ausgang nicht gefunden habe.

Je panischer ich versuche, da wieder herauszukommen, umso verfahrener wird meine Situation.

Die einzige Möglichkeit ist deshalb, sich keinerlei Druck mehr zu machen. Ich weiß, dass dies leichter gesagt als getan ist, und ich kann mich erneut unter Druck setzen, weil es mir nicht gelingt. Dann nehme ich halt auch das so hin, es gelingt mir eben noch nicht.

Damit muss ich nicht länger dem Gedanken folgen, für mich gäbe es keinen Ausweg, sondern folge der Umkehrung im wahrsten Sinne des Wortes. „Für mich gibt es einen Ausweg", auch wenn ich ihn im Moment noch nicht erkennen kann. Und ich weiß ebenso, dass „ich glücklich bin" und „glücklich sein darf", weil ich den Weg zum Ausgang des Labyrinths selbst gefunden habe.

Dann bin ich in meiner Kraft, weil ich es selbst geschafft habe und nicht länger darauf warten muss, bis einer kommt und mich befreit.

Vielleicht sagt jetzt manch einer, das mache ich mir ziemlich einfach, denn schließlich sehe die Praxis ganz anders aus.

Doch ist das wirklich wahr, sieht die Praxis wirklich anders aus?

Ich glaube nicht, denn die Umkehrung lautet: „Die Praxis sieht genau so aus." Das bedeutet, dass die Praxis genau so aussieht, wie ich sie sehe, und nicht anders.

Sehe ich ein Labyrinth ohne Ausweg vor Augen, dann wird es auch so sein.

Halte ich mir jedoch vor Augen, dass es einen Ausweg gibt, dann werde ich ihn auch erkennen können, vielleicht noch nicht in dem Moment, doch ich vertraue darauf, dass er sich mir zeigt.

Schon allein dieses Vertrauen lässt mich meine scheinbar aussichtslose Lage beenden und mir eröffnen sich dadurch neue Möglichkeiten, die ich durch meine verzweifelte Suche nicht sehen konnte.

Dann weiß ich auch, „die Praxis ist die Wirklichkeit" und die Wirklichkeit ist die Wahrheit, so, wie ich sie sehe. Somit kommt es einzig und allein auf meine Sicht der Dinge an und auf nichts anderes.

Das hat auch nichts damit zu tun, dass ich mir alles schönreden will, sondern ist einfach eine Tatsache.

In einem gewissen Sinne hat es allerdings doch etwas mit Schönreden zu tun, doch nur, wenn ich positiv denke und nicht länger den Lügengeschichten meines alten Denkens glaube.

Denn zwischen Schönreden und Schönglauben liegt ein himmelweiter Unterschied, schließlich kann man viel reden und glaubt selbst nicht daran.

Erst mein Glauben an das, was ich sage, gibt dem Schönreden seine Kraft und lässt meine Herzenswünsche Wahrheit werden.

Wenn ich mir so die Menschen anschaue, mit denen ich zu tun habe, oder auch die Medien, dann könnte man den Eindruck gewinnen, dass die meisten Menschen sich fürs „Schlechtreden" entschieden haben.

Mich will ich da nicht ausschließen, denn in diesem Punkt war ich einsamer Spitzenreiter. Doch mit ihrer Entscheidung entscheiden sich diese Menschen auch gegen ihr persönliches Glück, auch wenn das keiner wahrhaben will und viele die anderen für die eigene Misere verantwortlich machen.

Auch hier hilft nur eines: Bewusstwerdung dessen, dass nur ich selbst über die Kraft verfüge, an meinem Leben etwas zu ändern, und kein anderer.

Heute ist unser zweiundvierzigster Hochzeitstag und auch das erste Mal, dass mein Mann nicht daran gedacht hat. All die Jahre vorher war er derjenige, der ihn nie vergessen hatte, nicht einmal dann, als unsere Beziehung in der tiefsten Krise steckte.

Ich fragte mich, hatte dies irgendeine Bedeutung, wollte da noch etwas aus mir heraus?

Die Antwort ließ nicht lange auf sich warten.

Irgendwann als junges Mädchen hatte sich in mir der Gedanke verfestigt, der Junge, den du willst, der will dich nicht, und umgekehrt, der, der dich will, der interessiert dich nicht.

Also schlussfolgerte ich unbewusst, du darfst einem Mann nicht zeigen, wie sehr er dir gefällt, denn tust du es, dann wird er dich nicht wollen.

„Ich muss meine Gefühle im Zaum halten", so lautete seitdem meine unbewusste Überzeugung. Eine folgenschwere Entscheidung, denn damit schnitt ich mich auch komplett von meinen positiven Gefühlen ab bis auf all meine Verlustängste und Minderwertigkeitsgefühle, die immer größer zu werden schienen. Denn diese negativen Gefühle gewannen in mir zunehmend die Oberhand. Bei meinem Mann kam lediglich an: Was ich auch tue, ich kann meine Frau nicht glücklich machen.

Wie konnte er auch, wenn ich meinen Gedanken mehr glaubte als meinem Herzen, das nur lieben wollte und nichts anderes.

Erst mit der Umkehrung erkenne ich die Wahrheit, sie lautet: „Ich muss mein altes Denken im Zaum halten." Dieses ist das Einzige, was ich im Zaum halten muss, und nichts anderes.

Damit kann ich auch mit diesem stressigen Gedanken aufräumen, indem ich mir klar geworden bin, dass ich kein einziges Gefühl, ob positiv oder negativ, im Zaum halten muss. Denn alle Gefühle wollen durchlebt sein und aus mir heraus.

Erst dann kann sich in jedem Menschen dieses unglaublich große Lebensgefühl einstellen, nach dem wir alle auf der Suche sind.

Das alles erkannte ich erst jetzt. Doch konnte ich daran noch etwas ändern, schließlich war das so viele Jahre her, fragte ich mich.

Ich könne, bekam ich zur Antwort, und zwar mithilfe eines Schals, den mir meine Tochter zum Kürzen gebracht hatte.

Er hatte an beiden Enden Bommeln und die sollten weg. Sie selbst besaß keine Nähmaschine und hatte auch mit Nähen nicht viel am Hut.

Ich schnitt die Bommeln ab und stellte fest, dass der Schnitt nicht gerade verlief, sondern zackig, da es sich bei dem Schal um Crashoptik handelte.

Deshalb bat ich meinen Mann, das eine Ende mit festzuhalten, um einen einigermaßen geraden Schnitt hinzubekommen.

Ich begann zu schneiden und schlagartig wurde mir klar, dass wir beide es in der Hand haben, alles wieder geradezubiegen – in diesem Falle zwar zu schneiden, doch die Botschaft kam bei mir an.

Früher wäre ich verärgert gewesen, weil ich meinem alten Denkens glaubte. Es hatte mir nämlich jedes Mal, wenn meine Tochter etwas von mir wollte, erzählt, sie könne gar nichts allein.

Erst jetzt wurde mir bewusst, wie irrsinnig und total wirklichkeitsfremd dieser Gedanke war, denn es gab so vieles, was sie wunderbar allein hinbekam und wobei sie mich nicht brauchte.

Doch diesmal hatte ich diesen Gedanken und ein ablehnendes Gefühl nur kurz, nahm beides einfach nur wahr und machte mich daran, den Schal zu ändern, so, wie ich früher immer für sie genäht hatte, als sie noch klein war. Da hatte ich diesen Gedanken noch nicht, im Gegenteil, es hatte mir Spaß gemacht, für sie etwas zu nähen.

Indem ich mir dies bewusst machte, konnte ich mich meiner Tochter so nahe fühlen wie schon lange nicht mehr.

Mit ihrem Schal hatte sie mich darauf gebracht, dass ich es selbst in der Hand habe, in meinem Leben wieder etwas gerade zu biegen, sei es eine Heirat aus dem falschen Grund oder seien es die Lügengeschichten meines Denkens.

Der Glaubenssatz „Mein Leben kann ich nicht mehr ändern" ist eine große Lüge, denn die Wahrheit ist: „Ich kann mein Leben immer ändern." Dafür ist es nie zu spät.

Im ersten Kapitel meines Buches fragte ich mich, was geschehen war, dass ich mein Herz vor meinem Mann so verschlossen hatte, dass irgendwann nichts mehr hinaus und nichts mehr hineinging, ich nur noch diese Eiseskälte und tiefe Ablehnung in mir spürte.

So langsam beginne ich zu ahnen, weshalb es so war. All meine verdrängten Verlustängste, meine Minderwertigkeitsgefühle, all meine stressigen Gedanken und Glaubenssätze hatten mein Herz erstarren lassen, sodass es sich wie schockgefrostet anfühlen musste und ich es nicht mehr spüren konnte. Da war es kein Wunder, dass nichts mehr hinein und nichts mehr hinausging.

Erst jetzt, nachdem ich Stück für Stück meine alten Glaubenssätze infrage stellte, all meine verdrängten Gefühle mir wieder ins Bewusstsein holte und sie nochmals durchlebte, begann ich es so langsam wieder zu spüren. Dabei wurde mir bewusst, dass dies rein gar nichts mit meinem Mann zu tun hatte, meine Verletzungen schon in mir waren, als wir uns kennenlernten, und er lediglich den Finger in die Wunde legte, um sie mir wieder ins Bewusstsein zu holen. Doch solange ich ihn als denjenigen ansah, der mich verletzen wollte, und mich selbst nur als das Opfer betrachtete, musste sich die Krise in unserer Beziehung immer weiter vertiefen.

Auch wurde mir ebenso klar, dass ich in meinem tiefsten Herzen gar keine Trennung wollte, es musste noch eine andere Möglichkeit als eine Scheidung geben. Das war das einzig Richtige, was ich tun konnte, denn indem ich sie wieder zurückzog, konnte ich mich endlich auf den Weg zurück zu mir selbst machen.

Dieser Weg fühlte sich oftmals an, als ob ich durch die Hölle ginge, doch jetzt, nach so vielen Jahren, kann ich sagen, dass es der einzig richtige war. Denn auch wenn es damals zur Trennung gekommen wäre, meine alten Verletzungen hätte ich behalten und mir damit die Chance auf Heilung selbst verwehrt, weil ich sie damals noch nicht als meine eigenen erkennen konnte.

Das wäre mein Gepäck gewesen, das ich in mein neues (oder auch altes) Leben oder in eine neue Beziehung mit hineingenommen hätte, und alles hätte wieder von vorn angefangen.
„Ich spüre mein Herz nicht mehr" – wie konnte ich mit diesem stressigen Gedanken noch irgendetwas fühlen, wenn ich davon überzeugt war, selbst herzlos zu sein? Da konnte ich mich um eine liebevolle Beziehung bemühen, wie ich wollte, ohne die Kraft meines Herzens konnte es ja gar nicht mehr funktionieren.

Durch die Umkehrung „Ich spüre mein Herz wieder" kann meine Liebe wieder fließen.

Dazu möchte ich von unserem letzten Weihnachtsfest erzählen. Wir hatten ausgemacht, dass wir den zweiten Feiertag alle zusammen feiern wollten, Heiligabend und den ersten Feiertag sollte jeder für sich verbringen. Mein Mann und ich fanden das auch in Ordnung so.

Ein paar Tage vorher machte unser Sohn jedoch den Vorschlag, da wir ja im gleichen Haus wohnten, Heiligabend doch gemeinsam zu verbringen. Ich stimmte zu, doch bei meinem Mann stieß ich auf Granit. Nichts konnte ihn dazu bewegen, er beharrte stur auf der alten Abmachung.

Da hatte ich nun ein großes Problem. Für wen sollte ich mich entscheiden, für meinen Sohn oder meinen Mann?

Ich entschied mich für meinen Mann, doch die Enttäuschung meines Sohnes tat mir in der Seele weh, als ich ihm eine Absage erteilen musste und das zu Weihnachten!

Jede Mutter, so glaube ich, wird verstehen, wie mir da zumute war.

Doch meine Entscheidung war die einzig richtige, auch wenn sie sehr wehtat.

Damit respektierte ich zum ersten Mal die Entscheidung meines Mannes und versuchte nicht mit allen Mitteln, ihn davon abzubringen. Ich nahm jeglichen Druck heraus, den ich ihm früher immer gemacht hatte. Stattdessen war ich bereit, mich meinem Schmerz zu stellen, denn er war die Wirklichkeit, ihn erlebte ich ganz real. Alles andere wäre eine Farce gewesen.

Meine Zusage, entgegen der Abmachung Heiligabend doch gemeinsam zu verbringen, war lediglich meinem stressigen Gedanken entsprungen: „Ich muss meine Familie zusammenhalten", und setzte mich extrem unter Druck.

Doch war das auch wahr, musste ich das wirklich?

Dazu musste ich mir erst einmal eingestehen, dass sie entsprechend meinem stressigen Gedanken bereits auseinandergefallen und damit das geschehen war, was ich nie wahrhaben wollte.

Deshalb sah ich keine andere Möglichkeit, als sie aus eigener Kraft zusammenzuhalten, ein Unterfangen, das mich vollkommen überforderte und nichts anderes als ein Gefühl tiefer Ohnmacht, Schmerz und Leere in mir hervorrief.

„Meine Familie ist auseinandergefallen" – dieser Gedanke war auf den ersten Blick für mich nicht nur extrem stressig, sondern ebenso zutiefst deprimierend, denn schließlich gehörten der Wunsch nach Harmonie und die Überwindung der Trennung meiner Familie zu meinen Herzenswünschen.

Doch auch hier bringt erst der zweite Blick die erlösende Wahrheit ans Licht. „Ich muss meine Familie nicht zusammenhalten", weil meine Liebe zu ihr dies übernimmt. Ich muss nicht mehr tun, als alle krampfhaften Bemühungen einzustellen, um meine Familie zusammenzuhalten.

Das kann wieder geschehen, denn „ich muss meine Familie lieben" und nichts anderes, weil es auch das ist, was ich aus ganzem Herzen will.

Mit meinem stressigen Glaubenssatz ließ ich ihr jedoch keine Chance, weil meine Ängste vor dem Auseinanderbrechen meiner Familie mich voll im Griff hatten und die Liebe in mir verdrängten.

„Meine Familie muss auseinanderfallen", lautet noch eine Umkehrung und hört sich auf den ersten Blick für mich ebenso schmerzlich an. Doch es ist die Wahrheit.

Denn alles, was meine Familie noch zusammenhielt oder auch nicht zusammenhielt, waren stressige Gedanken und Glaubenssätze. Aus diesem Grund musste meine Familie notwendigerweise auseinanderfallen, damit diese Lüge endlich ans Licht kommen konnte.

Ebenso gelange ich zu der Erkenntnis, dass ich in diesem Zusammenhang einem stressigen Gedanken folgte, der mich in extremster Weise belastete. Er lautete: „Die Eltern sind das Wichtigste im Leben eines Kindes."

Ursache dafür war meine Überzeugung, das wiedergutmachen zu müssen, was ich an ihnen versäumt hatte. Denn schließlich hielt ich mich, nachdem meine Kinder ihre eigenen Wege gingen, für die schlechteste Mutter, die es je gegeben hatte.

Diese Möglichkeit der Wiedergutmachung fand ich nun in meinen Enkelkindern, doch dass ich damit einer großen Lüge folgte, sah ich nicht.

Denn die Umkehrung besagt: „Die Wahrheit ist das Wichtigste im Leben eines Kindes", weil dies die Wahrheit ist. Ein Kind spürt ganz genau, wenn es belogen wird, und ich habe mit meiner Überzeugung, die schlechteste Mutter für sie gewesen zu sein, meinen Kindern keinen Halt mehr geben können. Damit wurde ich erst zu einer schlechten Mutter, weil ich sie belogen hatte.

Aus diesem Grund mussten die Auseinandersetzungen mit meinen erwachsenen Kindern immer krassere Formen annehmen, weil ich die Wahrheit nicht sehen wollte.

Ich folgte einer Lüge und wollte mich dafür selbst bestrafen, denn als schlechte Mutter konnte ich gar nicht das Wichtigste im Leben meiner Kinder gewesen sein.

Doch die Wahrheit ist eine ganz andere, sie lautet: „Ein Kind ist das Wichtigste im Leben der Eltern." Dies ist deshalb wahr, weil ein Kind bedingungslos liebt und wir uns dieser bedingungslosen Liebe, die uns damals zusammengeführt hat, durch das Kind wieder bewusst werden können.

Aus diesem Grund wird mir jetzt auch klar, weshalb das Thema Kinder und Enkelkinder zu einem Dauerbrenner zwischen meinem Mann und mir wurde. Es war diese Lüge, die zwischen uns stand, und nicht unsere Kinder.

Auch hierfür gibt es noch eine Umkehrung, sie lautet: „Die Wahrheit ist das Wichtigste im Leben der Eltern." Mit ihr überwinden wir die Trennung zu unseren Kindern und Enkelkindern, denn sie ist die Voraussetzung, damit wieder Liebe und Harmonie in unsere Familie einziehen kann.

Ich sage bewusst „kann", denn nichts stört Liebe und Harmonie mehr als der Druck, den ich mache.

Mit jedem inneren oder äußeren Druck, den ich mir oder anderen mache, erreiche ich letztendlich das Gegenteil von dem, was ich erreichen will.

Schließlich muss unter Druck alles zurückweichen, so, wie ich es schon einmal beschrieben habe.

Nachdem ich mir nun bewusst geworden war, dass meine aufopferungsvolle Zuwendung meinen Enkelkindern gegenüber vielleicht ebenso einem falschen Grund entsprang, konnte ich auch dies überprüfen.

Heraus kam, dass ich meinen Kindern beweisen wollte, dass ich eine bessere Mutter geworden sei, indem ich ihre Fehler, die sie bei der Erziehung ihrer Kinder meiner Meinung nach machten, korrigierte.

Dies hatte für mich zur Folge, dass ich mich immer mehr aufopfern musste, was ich mit Liebe verwechselte. Ich folgte dem stressigen Gedanken: „Nur die Mutter ist eine gute Mutter, die sich für ihre Kinder aufopfert."

Ein Trugschluss, denn das muss kein Mensch, sich für einen anderen aufopfern, nicht einmal die eigene Mutter, weil es dafür eine andere Wahrheit gibt: „Nur die Mutter ist eine gute Mutter, die gut für sich selbst sorgt."

Das bedeutet, dass nur eine glückliche Mutter ihren Kindern auch Glück vorleben kann und nicht das, was ich meinen Kindern vorlebte.

Mit meiner alten Überzeugung musste ich ja mit meinen Kindern Konflikte erleben, denn sie teilten in keiner Weise meine Vorstellung über Kindererziehung.

Nachdem ich mir dies alles nun ins Bewusstsein gerufen habe, kann ich noch einer anderen Wahrheit folgen: „Nur das Kind ist ein glückliches Kind, das eine glückliche Mutter hat."

Ich bin davon überzeugt, dass viele Mütter unter dem falschen Glaubenssatz leiden, vor allem die ältere Generation, weil dieser stressige Glaubenssatz von einer Generation zur nächsten weitergegeben wurde. Doch durch das neue Bewusstsein der heutigen Frauen weigern sich diese, ihm ebenso zu folgen. So prallen unterschiedliche Meinungen aufeinander und es kommt zu großen Konflikten, wie ich sie selbst hautnah erleben musste.

Diese Konflikte jedoch waren ein Segen für mich, wie ich jetzt erkennen kann, denn damit zwangen meine Kinder mich quasi zu meinem Glück, indem ich mich von alten Wertvorstellungen endlich befreien konnte.

Denn nichts anderes verbarg sich hinter diesem Druck, den meine Kinder mir damit machten.

Auch mein Mann, dem ich all die Jahre die Schuld gab an meiner ausweglosen Situation und unserer völlig zerstrittenen, lieblosen Beziehung, war in Wahrheit ein Segen für mich.

Das kann ich jetzt aus tiefstem Herzen sagen, denn mit seiner Härte und seiner Standhaftigkeit (ich hielt es für reine Sturheit) tat er das Beste, was er für mich tun konnte.

Mit jedem anderen Mann, der mir vielleicht jeden Wunsch von den Augen abgelesen hätte, wäre es mir nicht gelungen, wieder zu mir selbst zurückzukehren.

Damit konnte ich die Erfahrung machen, dass auch Härte und Unnachgiebigkeit da, wo es nötig ist, Liebe bedeuten können, wie ich es schon einmal beschrieben habe.

Mein Mann blieb auch dann noch bei mir, als ich mich schon lange selbst aufgegeben hatte und er nur noch meine tiefe Selbstablehnung spürte.

Ich glaubte, dass ich es nicht wert sei, geliebt zu werden, und verkroch mich deshalb in der Rolle eines bedauernswerten Opfers, um wenigstens Mitleid und damit Aufmerksamkeit zu bekommen, wenn mir schon keine Liebe und keine Wertschätzung zustanden.

Genau so sah mein Leben mit dieser inneren Einstellung auch aus, keine Liebe, keine Wertschätzung, stattdessen ein Opfer und ein Verlierer in allen Bereichen meines Lebens.

Nachdem es mir nun gelungen war, dies alles in mein Bewusstsein zu holen, hatte mein altes Denken keine Chance mehr, über mein Leben zu bestimmen.

Sollte doch noch mal ein stressiger Gedanke auftauchen, weiß ich jetzt, was ich zu tun habe.

Ich sage ihm ganz bewusst: „Ich folge dir nicht länger", und lasse ihn ziehen wie eine Wolke am Himmel, die keinerlei Macht über mein Leben besitzt, sondern einfach nur eine Wolke ist.

„Zu Hause ist … wo die Liebe wohnt, wo Erinnerungen geboren werden, wo Freunde immer willkommen sind und jederzeit ein Lächeln auf dich wartet."

Diese Worte berührten mich sehr, als ich sie einmal las, denn nichts ist für mich wertvoller als dieses Zuhause.

Es ist das, wonach ich mein ganzes Leben gesucht habe, weil ich das am meisten vermisste. Viele Jahre suchte ich danach im Außen, glaubte, dass mir das meine Eltern, meine Kinder oder mein Mann geben könnten.

Ein großer Irrtum, denn mit dieser Überzeugung konnte ich es nie finden, denn ich trug es die ganze Zeit in mir.

Nirgendwo kann ich mehr Liebe und Wertschätzung finden als in mir selbst.

Das ist die wundervollste Erkenntnis, die ich auf der Reise zu mir gewinnen konnte.

Der Spruch, den ich unlängst einmal las, beschreibt das für mich sehr anschaulich: „Schicksal ist, wenn du etwas findest, wonach du nie gesucht hast, und dann feststellst, dass du nie etwas anderes wolltest."

Diese Suche war wie ein roter Faden, der sich durch mein ganzes Leben zog und mir zu dem Glauben verhalf, dass alle Menschen auf dieser Suche sind.

Noch eine Erkenntnis offenbarte sich mir dabei. Ich weiß jetzt, dass der ganze Sinn unserer Berufung darin besteht, ihr zu folgen, um schließlich zu erkennen, dass wir selbst über die Kraft und Macht verfügen, um uns all unsere Herzenswünsche zu erfüllen.

Denn die wahre Berufung eines jeden Menschen besteht darin, sich selbst glücklich zu machen, indem er andere mit seinen Begabungen und Talenten glücklich macht, weil das kein anderer besser kann als er.

Solange ich das jedoch anderen überlasse oder etwas aus den falschen Gründen tue, werde ich lange auf mein Glück warten müssen. Folge ich dem Ruf meiner Berufung, ist dies das Ende meiner Hilflosigkeit. Dann werde ich mir bewusst, über welche Kraft ich verfüge, und muss nicht länger eine Gefangene meiner Gedanken sein, die mir einreden wollen, dass das alles Quatsch wäre und alle anderen für meine Misere verantwortlich seien.

Die mir weismachen wollen: Wo kämen wir hin, wenn jeder nur das machen würde, was ihm Spaß macht? Mit Spaß allein kann man doch seinen Lebensunterhalt nicht verdienen. Arbeit soll schließlich eine ernste Angelegenheit sein.

Solange ich das glaube, werde ich auch nie Freude und Erfüllung bei der Arbeit erleben, gemäß dem Glaubenssatz „Arbeit darf keinen Spaß machen".

Ein schrecklicher Gedanke, denn schließlich müssen wir einen Großteil unseres Lebens mit Arbeit verbringen – und das ganz ohne Spaß und Freude?

Folge ich diesem Gedanken nicht länger und verinnerliche mir die Umkehrung. „Arbeit soll Spaß machen", dann kann ich auch zu meiner Berufung finden. Das herauszufinden, ist die Angelegenheit eines jeden Menschen selbst, egal, ob er noch einmal ganz neu durchstarten will oder bereits eine erfüllende Tätigkeit hat, was ihm nur all die Jahre nicht bewusst war.

So, wie ich viele Jahre meines Lebens nicht mehr wusste, dass ein Mann an meiner Seite war, von dem ich immer schon geträumt hatte.

Deshalb weiß ich jetzt auch, dass das Schreiben meine Berufung ist, weil ich das Gefühl habe, damit mich selbst und andere glücklich machen zu können. Nur dadurch konnte ich erkennen, was mich wirklich glücklich macht, auch wenn ich dazu erst Rentnerin werden musste, um das zu erfahren.

Diese wundervolle Erkenntnis lieferte mir das Schreiben, weil ich damit meinen Gedanken und Gefühlen Ausdruck verleihen kann und anderen etwas zu geben habe.

Erst durch das Schreiben wurde mir bewusst, was mir im Leben wirklich wichtig ist, nämlich eine Familie, einen Mann, Kinder, Enkel und ein Zuhause, das überall da ist, wo ich bin, und in dem ich jederzeit willkommen bin.

Nur meine Überzeugung, diese wunderbare Familie nicht verdient zu haben, ließ mich das nicht erkennen.

Mein Mann erwiderte einmal auf meine Frage, was er früher einmal gern werden wollte, wie aus der Pistole geschossen: Rentner.

Damals war ich unglaublich wütend auf seine Antwort. Heute weiß ich, dass wir erst durch das Rentnerdasein wieder zu uns selbst zurückgefunden haben und uns bewusst wurde, was der wahre Grund unserer Eheschließung war.

All die Jahre hatten wir einfach vergessen, welche Gefühle wir damals in uns spürten und dass es eine Macht gab, die uns zusammengeführt hatte, die Macht der Liebe.

Nur sie hat die Kraft, uns von allen Lügen zu befreien, denen wir gefolgt waren.

Jetzt kommt so langsam die Erinnerung wieder und lässt unsere Gefühle wieder lebendig werden, weil wir endlich damit begonnen haben, diesen riesigen Berg voller stressiger Gedanken und Glaubenssätze in uns abzutragen.

Auch wenn ich diejenige war, die den Anfang gemacht hat, was völlig ausreichend war.

Somit gibt es keinerlei Ausreden mehr, weder für mich noch für andere, in der Form: Ich will ja, doch der andere will nicht.

Aus dem einfachen Grund, weil es mein Schmerz und mein Leid waren, welche ich auf meinen Mann projizierte, und er mir dies lediglich widerspiegeln musste.

Doch mein Mann hatte ebenso seinen Anteil daran, indem er unbewusst bereit war, all meinen verdrängten Schmerz mitzutragen, und bei mir blieb.

So fügt sich eins zum anderen und ergibt letztendlich einen Sinn, den wir mit unserem begrenzten Verstand nie erkennen konnten.

Wie konnte er auch, wenn ich viele Jahre meines Lebens dem stressigen Gedanken folgte: „Mit uns hat es keinen Sinn mehr." Damit hatte ich mit unserer Beziehung abgeschlossen und wollte sie gar nicht mehr.

Doch ich folgte einer großen Lüge, denn die Wahrheit ist: „Mit uns hat es Sinn."

Es war dieser eine Funke, der nie ausgehen wollte und sich durch nichts löschen ließ.

Er brauchte nur eines, die Wahrheit, um ihn wieder neu anzufachen.

Denn stressige Gefühle kann man nicht ewig verstecken, sie wollen einfach nur heraus, drücken von innen. Während ich die schlechten Gefühle loslasse, mache ich Platz für die guten und damit auch für mein Herz, wie ich es schon beschrieben habe.

Manch einer wird jetzt vielleicht denken, wie kann ein Rentnerdasein zur Berufung eines Menschen führen, nur Nichtstun und in den Tag hineinleben? Das kann doch kein erfülltes Leben sein, man muss doch arbeiten, Werte schaffen und nicht andere für sich arbeiten lassen.

Und doch ist es bei mir so, einfach deshalb, weil ich jetzt weiß, wie kostbar jeder Augenblick unseres Lebens ist. Zum Trübsalblasen und um vergangenen Jahren nachzutrauern, ist mir das Leben einfach viel zu schade. Nur so hat das Alter seinen Schrecken für mich verloren, denn das eigentliche Leben begann für uns erst als Rentner.

Mein Glaubenssatz zu diesem Thema lautete: „Im Alter kommt nichts mehr", und führte sicherlich nicht nur bei mir zu einer freudlosen Lebenseinstellung.

Mit der Umkehrung „Im Alter kommt noch so viel" kehrten meine Lebenskraft und meine Lebensfreude wieder zurück. Jetzt weiß ich, dass nicht alles verloren ist, weil Gedanken und Gefühle keine Altersbegrenzung kennen und immer lebendig sind.

Jetzt bin ich für immer jung, weil ich im Herzen jung geblieben bin, und brauche mich nicht länger vor dem Alter zu fürchten.

Es ist die Angst, die uns altern lässt, und nicht die Jahre, die wir gelebt haben.

„Alter bedeutet Krankheit und Siechtum" oder „Im Alter lässt alles nach" – diese Gedanken sind es, die uns Angst einjagen, doch niemals die Anzahl der gelebten Jahre.

Ich glaube, die Umkehrungen dazu kann ich mir jetzt sparen.

Solange ich diesen Gedanken folge, ist das Leben für mich so gut wie gelaufen, keine Energie, keine Freude, keine Liebe. Dabei hat uns das Leben auch als Rentner so viel zu geben. Wir haben jetzt die Zeit, die uns früher gefehlt hat, wir können sie nutzen, um unsere Gefühle füreinander wieder neu zu entdecken.

Diese Zeit ist eine ganz große Chance, um unsere Gefühle wieder lebendig werden zu lassen, die wir im Alltagstrott und unter stressigen Glaubenssätzen vergraben hatten. Wir verinnerlichten uns den stressigen Gedanken: „Für die Liebe ist es im Alter zu spät." Eine große Lüge, denn die Liebe kennt keine Altersbegrenzung, im Alter muss ich auch niemandem mehr irgendetwas beweisen.

Mit dieser neuen Erkenntnis zeige ich meinem alten Denken die Rote Karte, weil ich seinen Lügengeschichten nicht länger folge und es Zeit wird, mir endlich die Wahrheit zu erzählen. Sie lautet: „Für die Liebe ist es im Alter niemals zu spät."

Damit muss ich auch nicht länger der Überzeugung folgen, dass ich als Rentner mit meinem Leben schon so gut wie abgeschlossen habe und mich deshalb fragen muss: „Soll das alles gewesen sein?" Die Wahrheit ist: „Das muss nicht alles gewesen sein."

Denn es liegt einzig und allein an mir selbst, ob ich auch im hohen Alter noch einmal Liebe erfahre oder nicht.

Noch eine Umkehrung gibt es zu diesem Thema: „Für die Liebe ist es in der Jugend zu früh." Sie ist für mich deshalb wahr, weil ich als junger Mensch davon überzeugt bin, Leidenschaft für einen Menschen empfinden und damit auch leiden zu müssen. Das sei die wahre Liebe. Doch das ist sie nicht, denn wahre Liebe kennt keinen Schmerz und keine Verletzungen, sie ist einfach da, bedingungslos.

In jungen Jahren war ich noch voller altem Schmerz, der es mir einfach unmöglich machte, bedingungslos zu lieben.

Die Vorstellung, dass mich der Mann, den ich liebte, verlassen könnte, erzeugte in mir panische Angst. Aus diesem Grund hatte meine Liebe gar keine Chance, sich zu zeigen, weil meine Ängste mich vollkommen beherrschten und ich sie fest in mir verschließen musste.

Die nächste Umkehrung zu diesem Thema lautet: „Für mein altes Denken ist es im Alter zu spät." Sie ist deshalb wahr, weil ich erst jetzt im Alter erkenne, welche Lügengeschichten mir mein altes Denken all die Jahre aufgetischt hatte.

Doch damit ist nun endlich Schluss und ich kann der Wahrheit folgen, die lautet: „Für mich ist es im Alter nie zu spät", weil ich jetzt im Alter erfahre, was lieben wirklich bedeutet.

Erst mit dieser neuen Einstellung gelingt es mir, wahrhaftig zu lieben. Dann wird mir auch bewusst, dass mein Herz ein Teil Gottes ist und dass dieses der göttliche Kern in uns allen ist, von dem ich schon geschrieben habe.

Sobald ich mir dessen bewusst werde, ist in meinem Leben einfach nichts mehr unmöglich, dann kann geschehen, was ich mit allem Kämpfen und Wollen nie erreichen konnte.

Das Einzige, was es dazu braucht, ist meine Bereitschaft, meinem Herzen selbst die Führung in meinem Leben zu überlassen. Dann wird nichts mehr so sein, wie es einmal war, und meine stressigen Gedanken haben keine Chance mehr, über mein Leben zu bestimmen.

Denn nur mein Herz kennt meine wahren Wünsche, die ich oftmals selbst nicht kenne und die sich mir erst dann offenbaren, weil meine bewussten Wünsche nicht immer das sind, was mich auch wirklich glücklich macht, sie führen mich lediglich dahin.

Aus diesem Grund beginne ich erst jetzt, das Gesetz der Resonanz zu verstehen. Es besagt nichts anderes, als dass ich das zurückbekomme, was ich aussende.

Doch wie sah für mich die Realität aus? Ich wollte glücklich sein, ich wollte mich mit meiner Familie verbunden fühlen, ich wollte lieben und geliebt werden, ich wollte, ich wollte … und was bekam ich zurück? Das ganze Gegenteil, das war für mich Realität.

War dieses Gesetz nun eine Lüge? Diese Frage musste ich mir zwangsläufig stellen.

Mein stressiger Glaubenssatz dazu lautete: „Das Gesetz der Resonanz ist eine Lüge", denn ich bekam nicht das zurück, was ich aussendete. Wie konnte es auch, wenn ich damit einer Lüge folgte, denn die Wahrheit ist: „Das Gesetz der Resonanz ist die Wahrheit."

Das Problem an der ganzen Sache war, dass ich die Wahrheit nicht sehen wollte, die ungeschminkte Wahrheit, von der ich glaubte, dass sie so brutal sei.

Damit stieß ich sie von mir weg und bekam stattdessen eine Lüge nach der anderen aufgetischt, ganz so, wie ich es wollte.

Ich wollte in Wahrheit also belogen werden, weil ich die Wahrheit nicht vertragen konnte.

Somit ist das Gesetz der Resonanz die Wahrheit, weil es mir genau das zurücksendet, wovon ich fest überzeugt bin.

Für mich war die Wirklichkeit eine Lüge und ich bekam deshalb genau das zurück, nämlich Lügen über Lügen.

Aus diesem Grund hatte mein bewusstes Wollen gar keine Chance, etwas anderes als Lügen zurückzubekommen.

„Mein altes Denken ist eine Lüge", dieser Gedanke befreit mich von allen Lügen und ich kann der Wahrheit folgen. Denn damit entziehe ich meinem alten Denken jede Kraft und bin bereit für ein neues Denken, von dem ich glaube: „Das Gesetz der Wirklichkeit ist die Wahrheit." Dann bekomme ich sie auch geliefert, weil ich bereit dazu bin, auch wenn die Wirklichkeit für meinen Verstand oftmals unerträglich ist. Doch mit meinem neuen Glauben gelingt es mir, ihm standzuhalten, um die Wahrheit dahinter zu erfahren.

Letztendlich gelange ich zu der Erkenntnis, dass es für jeden Menschen unabdingbar ist, seine Talente und Begabungen zu nutzen, um sich und andere damit glücklich zu machen. Dies muss nicht einmal auf der Arbeit sein, ich kann auch ehrenamtlich etwas tun, wozu mein Herz mich drängt, wozu ich mich berufen fühle.

Ebenso wichtig ist es, ihnen nachzugehen, weil sie uns den richtigen Weg zu unserer wahren Berufung weisen. Sich bewusst zu machen, selbst über Talente und Begabungen zu verfügen, und nicht länger zu glauben, dass sie nur einigen wenigen vorbehalten seien, ist der erste Schritt in die richtige Richtung.

Wir alle sind dazu berufen, uns selbst glücklich zu machen, das ist der wahre Sinn unseres Lebens. Solange es auch nur einen Bereich in unserem Leben gibt, in dem wir nicht glücklich sind, sei es in der Familie, in der Partnerschaft, auf der Arbeit, bei der Gesundheit oder mit finanzielle Sorgen, dann ist dies ein Zeichen, dass wir von unserem Weg und damit von unserer eigentlichen Berufung abgekommen bin, uns glücklich zu machen.

„Ich habe keine Talente und Begabungen" – mit diesem stressigen Gedanken aufzuräumen, ist somit unerlässlich, denn die Wahrheit ist: „Ich habe Talente und Begabungen."

Denn alles, was mich von ihnen abhält, sind stressige Gedanken und alte Glaubenssätze, die ich mir als Wahrheit verinnerlicht habe und denen ich somit folge, obwohl mich keiner dazu gezwungen hat. Dass es eine andere Wahrheit gibt, weise ich entschieden zurück und bin damit „der Schmied meines eigenen Unglücks".

Doch das ist eine große Lüge, denn in Wahrheit bin ich „der Schmied meines eigenen Glücks".

Deshalb möchte ich allen Menschen als Wegweiser dienen und Sie ermutigen, indem ich Ihnen die Worte von Hermann Hesse ans Herz lege, die lauten: „Und jedem Anfang wohnt ein Zauber inne, der uns beschützt und uns hilft, zu leben."

Denn diese Reise zu uns selbst ist das, wozu wir geboren werden, damit wir wieder zu dem werden, der wir wirklich sind. Allein die Lügengeschichten unseres alten Denkens wollen uns etwas anderes weismachen und sind damit der einzige Störfaktor in unserem inneren System.

Was wir brauchen, ist ein neues Denken, ein Denken, das mit unserem Herzen und unserem Verstand verbunden ist und damit alles Trennende überwinden kann.

Für mich gibt es nichts Schöneres als einen Garten, in dem ich nach Herzenslust säen, pflanzen und auch ernten kann. Jedes Jahr, kaum dass der Winter vorbei ist, zieht es mich hinaus, obwohl unser Garten sehr überschaubar ist, doch das hält mich nicht davon ab.

Noch nie konnte ich Menschen verstehen, die in einer Wohnung ohne Garten leben mussten oder auch wollten, für mich jedenfalls wäre das einfach undenkbar.

Doch so sehr ich auch das Frühjahr herbeisehnte und mich voller Elan an die Gartenarbeit machte, umso mehr ließ dieser Elan nach, je näher der Herbst rückte.

Nun verfügte ich ja mittlerweile über Möglichkeiten zu überprüfen, warum das so war.

„Im Herbst kann ich nichts mehr pflanzen", dieser Gedanke war es also, der mich in meiner Energie bremste. Dies bedeutete, dass ich keinen Einfluss mehr nehmen konnte, ich musste mit dem zufrieden sein, was ich gesät und gepflanzt hatte.

Dies bedeutete ebenso, dass ich nichts ernten konnte, wenn ich es versäumt und stattdessen nur Unkraut in meinem Garten hatte.

Was hat das alles nun mit mir und meinem Leben zu tun? Ich glaube, sehr viel, denn wenn ich versäumt hatte, den Samen in mir zu legen, dessen Früchte ich einmal ernten wollte, dann bedeutete es, dass es für eine reiche Ernte im Herbst zu spät war.

Doch ist das auch wahr, ist es dann wirklich schon zu spät? Dieser Gedanke deprimierte mich sehr.

Die Umkehrung lässt mich etwas anderes erkennen. „Auch im Herbst ist es für eine reiche Ernte nicht zu spät", denn auch dann kann ich noch etwas pflanzen, das im nächsten Frühjahr blühen kann.

Übertragen auf das Leben bedeutet dies, dass es auch im Herbst des Lebens noch nicht zu spät ist, um meine Träume und Wünsche als Saat in mich zu legen, damit ich auch im Alter noch ernten kann.

Wichtig ist nur eines, ich muss mein Leben auch im Alter noch hegen und pflegen und nichts dem „Wildwuchs" überlassen. Dann kann ich „auch im Herbst noch etwas pflanzen".

In letzter Zeit hatte ich immer wieder den gleichen Traum. Ich wollte meine Augen öffnen, denn schlafen wollte ich nicht mehr. Doch so sehr ich mich auch anstrengte, ich konnte sie einfach nicht aufmachen, es war wie ein Albtraum.

Die Wirklichkeit sieht Gott sei Dank anders aus, denn ich kann sie aufmachen und dazu braucht es auch keinerlei Anstrengung von mir, nur das Wissen, dass ich über innere Augen verfüge, und meine Bereitschaft, mit ihnen zu sehen.

Zu dieser Erkenntnis führte mich neulich ein Gespräch mit meinem Mann, als ich mit ihm im Auto unterwegs war und nach rechts abbiegen wollte.

Obwohl ich auf meiner Spur blieb, stand da ein Vorfahrtszeichen. Das konnte ich nicht verstehen, denn auch für die Geradeaus-Fahrer gab es eine extra Spur. Wir rätselten hin und her und fanden keine Erklärung.

Auf einmal dachte ich, vielleicht solle uns das Zeichen lediglich dazu auffordern, trotzdem aufzupassen. Wörtlich sagte ich: „Das soll ein Achtsamkeitszeichen sein", und wusste urplötzlich, was mir dieses Zeichen sagen wollte.

Es müsste überall diese Achtsamkeitszeichen geben, damit wir erkennen, ob wir auf dem richtigen Weg sind. Doch das ist eine Lüge, denn diese Zeichen gab es schon immer, wir haben sie nur nicht wahrgenommen. Jeden Tag in unserem Leben begegnen wir diesen Zeichen, doch wenn wir unsere inneren Augen schließen, sie somit nur mit unseren äußeren Augen wahrnehmen oder ihre Existenz verleugnen, können wir sie nicht erkennen.

Wir laufen blind durchs Leben, weil wir die Wirklichkeit nicht sehen wollen, weil wir davon überzeugt sind, nicht dazu geboren zu sein, um glücklich zu werden.

Sobald wir aus diesem „Albtraum" erwachen, werden wir uns der Wirklichkeit bewusst und wissen, dass wir über innere Augen verfügen, mit denen wir erst richtig sehen können.

Dann muss mein Leben nicht länger ein Albtraum bleiben, sondern wird zur Wirklichkeit und ich lande im wirklichen Leben, weil ich endlich erwacht bin.

Genauso wichtig ist es, keine Hintertür offen zu lassen, durch die sich stressige Gedanken wieder unbemerkt bei mir einschleichen können, das tun sie nämlich mit Vorliebe.

Dies kann ich verhindern, indem ich nicht länger dem Gedanken folge, ich müsse mir eine Tür offen halten, sondern mir stattdessen verinnerliche: „Ich muss alle Türen nach mir schließen."

Erst wenn alle alten Türen geschlossen sind, kann ich neue öffnen und sie staunend betreten, weil es eine ganz neue Welt für mich ist. Eine Welt voller Überraschungen, die mir offen steht.

Dann ist es wie als Kind zu Weihnachten, als wir voller Vorfreude und Neugier vor der verschlossenen Tür standen, bis uns unsere Eltern dann hineinriefen.

„Home is, where the heart is", zu Hause ist, wo das Herz ist – das ist die schlichte Wahrheit und trägt doch eine unglaubliche Kraft in sich, eine Kraft, die die ganze Welt verändern kann und nicht nur einigen wenigen vorbehalten bleiben muss. Es liegt an jedem selbst, diese Wahrheit für sich zu entdecken, diese mächtigste aller Kräfte auch für sich selbst zu nutzen. Dann wird nichts mehr so sein, wie es einmal war. Herz und Verstand, diesem unschlagbaren Team kann keine Macht der Welt widerstehen.

Nicht Gott ist es, der zusieht, dass so viel Leid geschieht, und nichts dagegen unternimmt, das sind ganz allein wir selbst mit unseren zerstörerischen Gedanken und Glaubenssätzen. Entscheiden wir uns gegen sie und für das Leben, dann kann Gott uns auch helfen, denn Gott ist das Leben.

Dieses Jahr feiern wir den 70. Jahrestag der Befreiung von der Schreckensherrschaft des Krieges.

Hat dieser Jahrestag auch mit mir etwas zu tun?

Ich glaube schon, denn ich habe begonnen, mich von der Schreckensherrschaft meines alten Denkens zu befreien, indem ich mich meinen Ängsten, meinen Selbstzweifeln und Minderwertigkeitsgefühlen ganz bewusst gestellt und sie nicht länger verleugnet habe.

Mit meiner Bewusstwerdung nahm ich ihnen jede Kraft, sodass es mir gelingt, mich nicht voller Hass und Wut von ihnen zu verabschieden, weil sie so lange über mein Leben bestimmen wollten.

Ich lasse mein altes Denken in Frieden ziehen, indem ich mir selbst und ihm alles vergebe.

Es war mir und ihm einfach nicht bewusst, was es angerichtet hat, denn es wollte auch nur eines: seine Daseinsberechtigung mit allen Mitteln verteidigen, so wie alles andere Lebendige auch.

Mir ist ebenso bewusst, dass ich meinen inneren Frieden nur unter dieser Voraussetzung finden kann und nicht anders. Mit diesem Gedanken fällt es mir nicht schwer, meinem alten Denken nicht länger die Schuld an meiner ganzen Misere zu geben, denn ich hatte ja zu jeder Zeit die Möglichkeit, einer anderen Wahrheit zu folgen.

Aus diesem Grund gelingt es mir, Frieden mit meinem Verstand zu schließen, denn schließlich war auch mein Verstand nur ein Opfer von ihm, ein vermeintliches Opfer, wie ich jetzt erkennen muss. Er folgte ebenso einer Illusion, einer Wolke, die in Wahrheit keinerlei Macht über ihn hat.

Mein Unterbewusstsein kann gar nicht anders, als alles für bare Münze zu nehmen, was mein Verstand für wahr hält, und hinterfragt nichts, selbst wenn es die größte Lüge ist. Es hält damit die Fäden über mein Leben in der Hand. Es funktioniert wie die Festplatte eines Computers, die alles aufnimmt, was ich eingebe und anschließend speichere, selbst wenn es der größte Mist ist. Seit unserem ersten Atemzug ist alles darin gespeichert, jedes Erlebnis, jeder Gedanke, jedes Gefühl und jeder Glaubenssatz, ob nun wahr oder nicht.

Irgendwann ist der innere Speicher dann so voll, dass es dringend einer „Defragmentierung" bedarf, sonst kann es seine positive, schöpferische Kraft nicht mehr nutzen.

Dazu ist es ebenso nötig, mein Herz für das „Böse" in mir zu öffnen, damit ich es nicht länger auf die Menschen in meinem Umfeld projizieren muss. Denn alles „Böse", was mir widerfährt, ist das, was ich vor mir selbst verberge und nicht wahrhaben will. Weil es einfach nicht sein darf, dass dies alles auch in mir sein soll. Deshalb schade ich mir selbst, wenn ich andere Menschen für ihre Boshaftigkeit verurteile.

Das zu erkennen, ist sehr schmerzhaft und kann mir anfangs den Boden unter den Füßen wegziehen, weil lange Zeit für mich nur die anderen „schuld" an meiner Misere waren und ich das Opfer.

Blinder Hass in mir kann so weit gehen, dass ich auf mein Glück verzichte, nur um dem anderen eins auszuwischen, denn „Hass macht blind" oder „Liebe macht blind", wie man so sagt.

Erst die Umkehrung lässt mich wieder klar sehen. „Liebe macht nicht blind."

Auch der stressige Gedanke „Ich platze vor Wut" bringt mir rein gar nichts außer einem Gefühl von ohnmächtiger Verzweiflung. Das bedeutet jedoch nicht, dass ich jeden Ansatz von Wut in mir unterdrücken soll. Ich darf und muss sie sogar wahrnehmen und in mir zulassen, nicht am anderen, denn es ist meine Wut und nur mir will sie etwas sagen.

Lasse ich meine Wut am anderen aus, dann lasse ich sie im wahrsten Sinne des Wortes außen vor und ich kann ihre konstruktive Kraft nicht positiv für mich verwenden.

In mir selbst jedoch darf dann alles sein, ich darf das „Objekt" meiner Wut nach allen Regeln der Kunst beschimpfen, da ist keine Zurückhaltung gefragt, je mehr desto besser.

Es hat lange gedauert, bis ich das begriffen hatte, und es war alles andere als leicht.

Doch es lohnt sich, denn indem ich auf diese Art und Weise mit meiner Wut umgehe, löst sich etwas in mir und mir fällt es danach wie Schuppen von den Augen, weil ich halt blind und nur auf die vermeintliche Ursache meiner Wut fixiert war wie der wütende Stier auf das rote Tuch.

Somit kann ich erkennen, dass auch Wut ein großes Geschenk ist, vorausgesetzt, ich gehe richtig mit ihr um.

Hinter jedem negativen Gefühl, für das ich mich bewusst öffne und das ich bewusst durchlebe, eröffnen sich mir neue Möglichkeiten, weil ich dadurch stressige Gedanken und Glaubenssätze erfahre, die mich schon lange belasten.

Dann kann ich mir, anstatt meine Wut in mich hineinzufressen oder an anderen auszulassen, eines neuen Gedankens bewusst werden, „ich wachse an Wut".

Doch wie gesagt, das erfordert die Bereitschaft, meinen Blick vom Außen weg in mein Inneres zu lenken, weil ich da viel über mich erfahre, was mich immer wieder aufs Neue in Erstaunen versetzt.

Nicht nur einmal habe ich mich gefragt: Das soll ich sein, so was habe ich gedacht? Aber auch: Das soll ich geschrieben haben?

Das ist die „innere Arbeit", die jeder Mensch tun muss, wenn er sein Leben in eine andere Richtung lenken will als bisher.

Aus diesem Grund bedarf es einer Überprüfung. Was kann ich loslassen und was ist gut für mich und kann bleiben? Dazu muss ich mir jedoch das anschauen, was ich vor mir selbst verleugnet habe, weil ich all die negativen Gefühle nicht wollte, die damit verbunden sind.

Denn tue ich es nicht, stürzt mein innerer „Computer" irgendwann ab. Ich fühle mich immer hilfloser und einem vermeintlich ungerechten Leben vollkommen ausgeliefert. Krankheit, Leid und Schmerz sind die Folge.

Deshalb ist der erste Schritt, dass ich mir bewusst werde, was die falschen „Programme" in mir sind, was sich so falsch anfühlt.

Denn sie allein weisen mir den Weg aus meiner ganzen Misere und halten damit den Schlüssel für mein persönliches Glück in der Hand.

Dann erst kann mein Unterbewusstsein mit seiner schöpferischen „Arbeit" beginnen, weil mein Verstand nur noch das abspeichert, was meinem Glück dient.

Sobald auch meinem Verstand das bewusst wird, kann es ihm gelingen, nur die Wahrheit hineinzulassen, die Wirklichkeit.

Damit wandelt sich der Drache, der die Tür zu meinem Glück bewachte und mich nicht hineinlassen wollte, in einen Wächter, der mein Glück bewacht, und ich muss ihn nicht länger bekämpfen.

Letztendlich muss ich feststellen, dass auch meine Gedanken an sich weder gut noch schlecht sind, sie sind einfach nur Gedanken. Es liegt nur an mir und meinem Verstand, welche ich links liegen lasse und welchen ich folge.

Stressige Gedanken haben nur so lange Macht über mich, wie ich ihnen glaube.

Verurteile oder bekämpfe ich sie, kann ich ihre konstruktive Kraft für mich nicht nutzen, denn so, wie jede Medaille zwei Seiten hat, so ist es auch mit den Gedanken. Sobald ich eine Seite ablehne, lehne ich auch die andere, positive Seite ab. Erst mit meiner Akzeptanz der vermeintlich negativen Seite kann ich alles, was in meinem Leben geschieht, willkommen heißen und für mich positiv verwenden. Denn ohne Gedanken und ohne Ideen lebten wir heute noch in der Steinzeit.

Aus diesem Grund kann und will ich meine Gedanken nicht länger verurteilen und sie für alles Leid in meinem Leben verantwortlich machen.

Mein Herz braucht meinen Verstand und meine Gedanken, um sich in der Welt zu zeigen und auszudrücken. Damit gelingt es mir, die Wertschätzung, die ich ihnen viele Jahre meines Lebens verwehrt hatte, wieder zurückzugeben, um auf eine ganz andere Art und Weise lebendig zu sein als bisher – indem sie dem folgen, was mein Herz ihnen sagt, und keinem anderen.

Dann können auch Wunder geschehen, weil ich nicht länger nur an das glaube, was ich sehe. Somit kann ich noch eine Lüge entlarven, sie lautet: „Ich glaube es erst dann, wenn ich es mit eigenen Augen sehe."

Doch Wunder kann man weder mit dem Verstand noch mit den äußeren Augen erkennen. Sie entstehen in unserem Inneren, ganz ohne unser Zutun, sobald wir nur bereit dafür sind, an sie zu glauben.

Deshalb kann ich lange auf Wunder warten, weil ich sie mit diesem Glaubenssatz einfach nicht sehen kann. Jeden Tag geschehen große und kleine Wunder, sobald ich meine inneren Augen dafür öffne und nicht länger auf Beweise warte.

Nur aus diesem Grund konnte auch die Mauer fallen, die Menschen öffneten einfach ihr Herz für die Wahrheit, denn ihr Verstand allein hätte niemals die Mauer zum Einsturz gebracht. Das war das Einzige, was sie taten, und damit konnte dieses Wunder geschehen, an das niemand mehr in Ost und West geglaubt hatte.

Mit der Umkehrung „Ich glaube an Wunder" mache ich erst möglich, dass Dinge in meinem Leben geschehen können, die ich nie für möglich gehalten hatte.

Somit muss ich einem weiteren stressigen Gedanken in meinem Leben nicht länger folgen.

Er lautete: „Ich bin schuld." Schuldgefühle sind extrem zerstörerisch, sie lähmen meine Lebenskraft und meine Lebensfreude in hohem Maße.

Erst mit der Umkehrung kann ich sie loslassen, sie lautet: „Ich bin unschuldig", und ermöglicht mir, meinen inneren Frieden zu finden.

Fühle ich mich schuldig, dann muss ich auch im Außen Dinge tun, die diese Überzeugung vor mir selbst rechtfertigen und es als gerechte Strafe empfinden lassen.

Dafür gibt es noch einen stressigen Glaubenssatz: „Ich will schuld sein." Das klingt zunächst paradox und doch ist es so, weil ich einfach nicht von meiner Unschuld überzeugt bin, so, wie es uns schon als Kind eingebläut wurde.

Wir sind böse, wenn wir nicht machen, was die Eltern sagen. Wir sind böse, wenn wir laut sind, wir sind böse, wenn wir nicht schlafen können, wir sind böse, wenn wir nicht lernen wollen.

Ich könnte noch unzählige Dinge aufzählen, weshalb Kinder fest davon überzeugt sind, böse zu sein.

Diese Schuldgefühle begleiten sie ihr ganzes Leben und das ist weder ihnen noch ihren Eltern bewusst. Aus lauter Angst, verlassen zu werden, wollen sie ihre gerechte Strafe, sie wollen schuld sein, um dem zu entgehen.

Nur mit der Umkehrung, indem sie sich ganz bewusst sagen: „Ich bin nicht böse", können sie sich von ihrer Schuld befreien. Eltern ist nicht bewusst, was sie damit anrichten, wenn sie dieses Wort gebrauchen, weil es für ein Kind nichts Schlimmeres gibt, als ein böses Kind zu sein.

Böse Kinder werden nicht geliebt und damit fühlen sich die Kinder in ihrer Existenz bedroht, weil man böse Kinder ja vielleicht weggeben könnte. So, wie auch ich davon überzeugt war, ein böses Kind zu sein und dafür bestraft werden wollte, was letztendlich die tiefere Ursache meines Kindheitstraumas war.

Deshalb ist es so unglaublich wichtig, sich die neuen Gedanken zu verinnerlichen, dass ich in diesem Zusammenhang „weder böse war, noch böse bin, sondern unschuldig".

„Ein gebranntes Kind scheut das Feuer", dieser Gedanke ist ebenso dafür verantwortlich, dass wir uns davor scheuen, uns mit der Vergangenheit auseinanderzusetzen. Deshalb meiden wir sie, wo es nur geht, doch damit vermeiden wir etwas, und zwar unser Recht auf Wahrheit.

Denn die Wahrheit ist: „Ein gebranntes Kind sucht das Feuer", so, wie ich unbewusst das tat, wovor ich so panische Angst hatte.

Dann wird daraus: „Ein gebranntes Kind löscht das Feuer" und „Ein gebranntes Kind nutzt das Feuer", weil es dessen zerstörerischer Kraft nicht länger hilflos ausgeliefert ist, sondern es für sich positiv nutzen kann.

Alles Negative in unserem Leben ins Positive zu verwandeln, ist somit Ausdruck unserer schöpferischen Möglichkeiten. Bekämpfen wir es, vergeben wir diese große Chance, an der wir wachsen können, und glauben stattdessen, dies nur durch Kampf zu erreichen.

Mit noch einem neuen Gedanken können wir uns das ermöglichen. Er lautet: „Ein geheiltes Kind scheut nicht das Feuer." Mit dieser neuen Überzeugung kann es uns gelingen, jedes Trauma zu überwinden, denn in irgendeiner Form hat jeder Mensch eines in seiner Kindheit erlebt und ist sich dessen nicht mehr bewusst. Er hat nur ein unbestimmtes, schmerzliches Gefühl, das ihn zu der Schlussfolgerung führt: „Ich hatte eine schwere Kindheit." Damit belügt er sich selbst, denn die Wahrheit ist: „Ich hatte keine schwere Kindheit."

Was ihn so schwer belastet, sind seine falschen Gedanken und nicht seine Kindheit. Sie allein belasten ein Kind schwer und nicht die Tatsache, dass es schlecht von seinen Eltern behandelt wurde.

Denn Eltern wollen ihr Kind gar nicht schlecht behandeln, weil sie sich damit selbst wehtun würden. Für jeden Vater und jede Mutter ist es die größte Strafe, ihr Kind leiden zu sehen. Wie könnten Eltern also ihr Kind ganz bewusst schlecht behandeln wollen?

Manch einer wird jetzt vielleicht einwerfen: Aber ich wurde doch ganz real von meiner Mutter (oder meinem Vater) misshandelt, das habe ich mir doch nicht eingebildet.

Das ist sicherlich geschehen, doch ist das auch die Wahrheit? Wollten die Eltern das wirklich, ihr Kind misshandeln? Oder waren es ebenso stressige, unverarbeitete Glaubenssätze, welche die Eltern so brutal reagieren ließen?

Ich glaube schon, dass es so war, weil ich die gleiche Erfahrung durchleben musste und mein Vater keine Chance hatte, sein brutales Verhalten zu kontrollieren.

Ebenso weiß ich jetzt, dass nicht die Tatsache, dass mein Vater mich misshandelt hat, mir so wehgetan hat, sondern meine Schlussfolgerung, dass mein Vater mich deswegen nicht lieben könne.

Mit der Umkehrung „Ich hatte eine leichte Kindheit" kann sich jeder von dieser Lüge befreien, denn jeder wurde als unschuldiges Kind geboren, frei von irgendwelchen stressigen Gedanken und Glaubenssätzen, voller Liebe und tiefem Vertrauen den Eltern gegenüber.

Das war allerdings, bevor die stressigen Gedanken von uns Besitz ergriffen und uns Angst machten, die Liebe unserer Eltern zu verlieren.

Mache ich mir dagegen die Umkehrung bewusst: „Ich hatte schwere Gedanken", kann ich mit meinen Eltern und mir selbst gegenüber Frieden schließen, weil ich erkannt habe, dass wir einer Lüge gefolgt waren.

Auch wenn mein Vater mir Gewalt angetan hat, so heißt das nicht, dass er mich nicht geliebt hat, denn „mein Vater hatte eine schwere Kindheit" und ist die Wahrheit. Das ist deshalb wahr, weil er dies nicht mehr überprüfen konnte, wie ich es jetzt tun kann, sondern dieser Lüge zeit seines Lebens folgen musste.

Indem ich das erkenne, kann ich mich und meinen Vater von dieser schweren Last befreien und Frieden mit ihm schließen.

Es gibt nur einen einzigen Gedanken, der uns glauben lässt, eine schwere Kindheit gehabt zu haben, er lautet: „Meine Eltern haben mich nie geliebt." Dass dies eine große Lüge ist, habe ich schon beschrieben, weil dies einfach nicht möglich ist.

Mit der Umkehrung kann ich es mir verinnerlichen, sie lautet: „Mein altes Denken hat mich nie geliebt", und bedeutet, dass es von mir alle Aufmerksamkeit einfordert, weil es zu diesem großen Gefühl gar nicht fähig ist.

Sobald ich sie ihm verweigere, fängt es an, alle Geschütze in Form von stressigen Gedanken gegen mich aufzufahren, weil es sich in seiner Existenz bedroht fühlt.

Doch wahre Liebe fordert nichts, muss nichts erzwingen und fordert kein Opfer, sie liebt einfach, bedingungslos.

Zu diesem Thema gibt es noch eine Umkehrung, sie lautet: „Ich habe mich nie geliebt", und ist deshalb wahr, weil ich meinem Denken mehr glaubte als meinem Herzen, das nur lieben und geliebt werden wollte.

„Meine Eltern haben mich geliebt" – dies ist die absolute Wahrheit und befreit mich aus meinem selbst erschaffenen Gefängnis, in das mich mein altes Denken geführt hat.

„Ein unschuldiges Kind entzündet ein Feuer", und zwar das Feuer der Liebe, das wir schon lange erloschen glaubten, weil in uns nur alter, verdrängter Schmerz das Sagen hatte.

Das bedeutet ebenso, dass nur ein Mensch, der von der Unschuld aller Menschen überzeugt ist, dieses Feuer entfachen kann und kein anderer.

Aus diesem Grund kann ich einen anderen Menschen auch nicht um Vergebung bitten, denn diese Bitte nimmt mir keiner ab, solange ich selbst von meiner Schuld überzeugt bin.

Viele Menschen sind der Meinung, „wo ein Wille ist, ist auch ein Weg". Doch ist das wahr, liegt es nur an mir, weil ich nicht will?

Ich glaube nicht, weil mein bewusster Wille oftmals nicht das ist, was richtig für mich ist. Denn mein Verstand ist begrenzt und kann nicht weiter als über den eigenen Tellerrand schauen, wie man so sagt.

Deshalb ist es so wichtig, auch mal auf meinen bewussten Willen zu verzichten und auf Gott zu vertrauen. Nur er kann über den Tellerrand hinwegschauen und sieht weitaus mehr als wir Menschen.

Dies können wir mit der Umkehrung erkennen. „Wo Gottvertrauen ist, ist auch ein Weg." Viele Menschen, die sich in einer extrem schwierigen Situation befinden und in ihrer Not Gott um Hilfe bitten, haben ein großes Problem mit dem biblischen Wort: „Nicht, wie ich will, sondern wie du willst."

Sie können dem einfach nicht folgen, weil sie glauben, sie müssten alles allein schaffen, und weil sie kein echtes Vertrauen zu ihm haben. Deshalb ist es für sie ein extrem stressiger Gedanke, auf ihren bewussten Willen zu verzichten und alles Gott zu überlassen. Schließlich wollen sie für ihr Leben selbst verantwortlich sein.

Damit folgen sie jedoch einer großen Lüge. Denn ich habe mein Leben nicht mehr in der Hand, wenn ich mich von meiner Angst unterkriegen und sie über mein Leben bestimmen lasse.

Die Umkehrung lässt mich wieder in meiner Kraft sein: „Ich will das, was du willst."

Auch der Gedanke „Nie bekomme ich das, was ich will" macht mich hilflos und wütend zugleich. Doch ist das auch wahr, bekomme ich wirklich nie das, was ich will?

Die Antwort ist auch hier eine ganz andere und lautet: „Ich bekomme immer das, was ich will."

Dies bedeutet, dass ich immer das bekomme, was ich für die Wirklichkeit halte.

Solange ich glaube, nie das zu bekommen, was ich will, werde ich es auch nie bekommen, weil dies für mich die Wirklichkeit ist.

„Ich bekomme immer das, was ich für die Wirklichkeit halte" – mit dieser Umkehrung wird mir klar, warum es bisher mit meinem bewussten Wollen nie geklappt hat.

Ich war in einer Fantasiewelt gefangen, aus der ich jedes Mal äußerst schmerzhaft gerissen wurde, sobald ich mir bewusst wurde, dass es nur eine Fantasiewelt ist.

Ich wollte die Wirklichkeit nicht sehen und hielt deshalb meine Fantasiewelt für die Wirklichkeit.

Doch das muss ich nicht länger, denn es ist die Wirklichkeit, die mich wahrhaft glücklich machen kann, und nicht meine Träume.

Denn Träume sind dazu da, dass ich sie mir erfülle, sie Wirklichkeit werden lasse. Vom Träumen allein funktioniert das nicht.

Mit dieser neuen Überzeugung bekomme ich das, was ich auch von ganzem Herzen will, nämlich in der Wirklichkeit, im Hier und Jetzt glücklich sein.

Gott um Hilfe zu bitten, hat deshalb nichts mit Schwäche, sondern mit Bewusstwerdung meiner inneren Kraft zu tun. Erst dann können wir erkennen, wer wir wirklich sind, und können über uns selbst hinauswachsen.

Mit dieser Erkenntnis ist es mir möglich, Gottes Hilfe anzunehmen. Dann wird aus dem stressigen Gedanken einer, der mich mit tiefem Vertrauen erfüllt, er lautet: „Ich muss nicht alles allein schaffen."

Doch ist das nicht ein Widerspruch, verstoße ich damit nicht gegen meine Überzeugung, dass ich selbst über die Kraft verfüge, um ein glückliches, erfülltes Leben zu führen?

Es ist die Wahrheit, denn wer sagt mir, dass ich diese Kraft, die in mir ist, nicht nutzen darf?

Sie ist in mir und gehört auch zu mir, ist deshalb meine eigene Kraft.

Das ist ganz allein mein altes Denken, welches seine Macht über mich schwinden sieht und eine letzte Anstrengung unternimmt, um sie zurückzugewinnen.

Es will mir Angst machen, dass ich ohne mein Denken verloren wäre, dass ich die Kontrolle über mein Leben verlieren würde. Doch das Gegenteil ist der Fall, denn indem ich mein altes Denken loslasse und damit seine Kontrolle über mein Leben, bin ich nicht länger verloren.

Nur so entsteht tiefes Gottvertrauen, weil ich ihn dann um Hilfe bitten kann, wenn ich einmal nicht mehr weiterweiß. Dazu ist Gott da, um uns in schwierigen Situationen beizustehen. Doch mit diesem stressigen Gedanken wollen wir seine Hilfe nicht und damit sind ihm quasi die Hände gebunden.

Auch ich selbst folgte diesem stressigen Gedanken seit meiner Einschulung, als ich am ersten Schultag zu meiner Mutter sagte, ich schaffte es allein, in die Schule zu gehen, obwohl es mir lieber gewesen wäre, sie hätte mich begleitet.

Ich wollte sie nicht länger mit mir belasten, weil ich das Leid meiner Eltern spürte. Ich war ja jetzt groß und glaubte, das allein schaffen zu können.

Ein großer Irrtum, denn mit diesem Gedanken glaubte ich auch, ganz allein für das Glück meiner Familie sorgen zu müssen. Damit erklärte ich mich zugleich bereit, ihr ganzes Leid zu tragen, nicht ahnend, dass ich damit vollkommen überfordert war und dringend Hilfe gebraucht hätte.

Erst jetzt erkenne ich, dass es dieser Gedanke war, der über mein Leben Leid und Schmerz brachte, weil ich mir alles allein aufbürden wollte.

Der Gedanke, dass ich schon groß sei und ab jetzt alles allein schaffen wolle, musste sich mir auch im Außen ein paar Jahre später zeigen.

In unserer Nachbarschaft lebte eine Familie mit einem Mädchen, das etwas jünger war als ich.

Damals war es ja so, dass eine Hand die andere wusch, wie man so sagte.

Der Mann konnte meinen Eltern etwas beschaffen, was wir dringend brauchten. Als Gegenleistung sollte mein Vater für seine Tochter eine Puppe aus dem Westen besorgen. Daraufhin schickte uns seine Mutter ein Paket mit einer Puppe.

Jeder ehemalige DDR-Bürger weiß, was es damals bedeutete, ein Paket aus dem Westen zu bekommen, das war wie Weihnachten und Ostern zusammen.

Als meine Eltern es öffneten, kam ich dazu und glaubte natürlich, die Puppe sei für mich.

Daraufhin sagte mein Vater – sicherlich mit der Absicht, mich zu trösten –, ich sei mit neun Jahren doch schon viel zu groß für eine Puppe. Dementsprechend schlecht fühlte ich mich auch bei der Vorstellung, meinen Eltern sei ein fremdes Mädchen wichtiger als ich, denn sie durfte noch Kind sein und ich nicht mehr, obwohl ich mit neun Jahren doch ebenso noch eines war.

Heute weiß ich, dass mein Vater nur das aussprach, was schon lange in mir war.

„Ich muss schon groß sein", dieser Gedanke war es, der meine Kindheit jäh beendete und mich zwang, am ersten Schultag ohne Begleitung meiner Mutter in die Schule zu gehen, obwohl ich ihre Begleitung noch gebraucht hätte.

Nach fast sechzig Jahren erlaube ich mir erst jetzt, wieder ein Kind sein zu dürfen.

Indem ich ihm die Erlaubnis dazu gebe und seinen Schmerz annehme, gebe ich ihm seine Daseinsberechtigung zurück und darf endlich die erwachsene Frau sein, die ich wirklich bin. „Ich muss nicht groß sein" – mit dieser Umkehrung gelingt es mir, meinen Schmerz endlich zu fühlen und Hilfe anzunehmen, wenn ich sie brauche.

Manch einer wird sich das vielleicht nicht vorstellen können, dass sich eine Frau mit über sechzig Jahren das erst jetzt erlaubt. Und doch bin ich davon überzeugt, dass es vielen Menschen so geht. Durch irgendein traumatisches Erlebnis haben sie eine Entwicklungsstufe übersprungen und andere wundern sich, wenn sie oftmals wie ein kleines Kind Wutanfälle bekommen, zickig sind oder sich trotzig in die Schmollecke verziehen, wie es halt ein kleines Kind so macht.

Erst mit meiner Bewusstwerdung, dass da etwas in mir ist, was durchlebt werden will, was ich mir als Kind aus irgendwelchen Gründen selbst verweigerte, kann ich wirklich erwachsen werden.

Jede negative Situation aus meiner Vergangenheit will aus diesem Grund ein gutes Ende nehmen, indem ich meinen Schmerz darüber endlich annehme und er mich verlassen kann. Das kann nicht eher geschehen, als bis ich mir bewusst werde, dass ich ein erwachsenes Kind bin, und ich mich nicht länger dafür verurteile.

Ich weiß, dass dies für viele Menschen zunächst nicht nachvollziehbar ist, denn ich hatte mich ja ebenso dafür verurteilt, kein kleines Kind mehr zu sein, weil ich doch eine erwachsene Frau wäre.

Doch solange ich mich dafür verurteile und dem stressigen Gedanken folge: „Ich bin kein kleines Kind mehr", wird dieses innere Kind so lange an mir zerren, bis ich mich ihm endlich zuwende.

Denn dieses Kind in mir ist mein wahres Wesen und sehr lebendig. Doch wie kann ich es annehmen, wenn ich es ablehne oder gar nicht mehr weiß, dass es in mir existiert?

Aus diesem Grund ist nichts wichtiger, als mich meinem inneren Kind wieder zuzuwenden und ihm meine ganze Liebe zu schenken, indem ich mir die Umkehrung verinnerliche: „Ich bin ein erwachsenes Kind."

Erst dann sind wir wirklich frei, erwachsen zu sein, und nicht eher. Dann kann ich sein, wo ich auch bin, ich bin immer in meinem Zuhause, da, wo ich schon immer sein wollte. Und ich kann meine ganze Kindheit voller Liebe endlich durchleben und damit das, was ich mir selbst versagt hatte.

Zwei weitere meiner stressigen Gedanken, die ich hier vorstellen möchte, sind folgende. Da ist einmal der Glaubenssatz „Wer hoch steigt, kann tief fallen".

Dieser Gedanke hält mich davon ab, mich selbst zu verwirklichen, aus Angst davor, wieder abzustürzen.

So, wie ich es vorher schon beschrieben hatte, dass wir Menschen den freien Fall fürchten.

Folge ich diesem Glaubenssatz, dann ziehe ich es vor, am Boden zu bleiben, denn da brauche ich den Absturz nicht zu fürchten.

Doch in Wahrheit gebe ich meiner Angst damit neue Nahrung, die mir einredet: Komm auf den Boden der Tatsachen zurück, hör auf zu träumen und lass diese Spinnerei, du schaffst das sowieso nicht.

Auch die Gedanken, die sicherlich nicht nur in mir ihr Unwesen trieben, „Träume sind Schäume" oder „Wer unten bleibt, bleibt auch unten" halten mich am Boden gefangen und lassen mich kraftlos und mutlos zurück.

Erst mit der Umkehrung erfahre ich die Wahrheit. „Wer hoch steigt, kann hoch fliegen." Ebenso wahr ist, dass „Träume keine Schäume sind", sondern das, wozu wir geboren wurden, nämlich uns unsere Träume zu erfüllen.

All diese stressigen Gedanken sind auch dafür verantwortlich, dass sich viele Menschen, die sich ihren Traum bereits erfüllt haben, total verausgaben und oftmals bis weit über ihre körperlichen Kräfte schuften aus lauter Angst, dass sie irgendwann nicht mehr gefragt sind und damit der Absturz droht.

Erst mit der Umkehrung erfahren sie die Wahrheit: „Für mich bin ich immer gefragt", und können ohne diese Angst immer höher steigen. Dann bin ich frei, dann kann meine Fantasie mich überallhin tragen, wo ich schon immer sein wollte, ganz bei mir.

Noch einen stressigen Glaubenssatz gibt es zu diesem Thema, er lautet: „Ich verliere meine Bodenhaftung." Er macht mir Angst, dann nicht mehr ich selbst zu sein, und hindert mich ebenso daran, höher zu steigen.

Doch mit der Umkehrung wird mir klar, „ich gewinne meine Bodenhaftung".

Denn indem ich mir meine Träume erfülle, erlaube ich mir auch, wieder ganz ich selbst zu sein, und komme auf den Boden der Tatsachen zurück. „Ich gewinne mich selbst" und damit gibt es nichts mehr, was mich daran hindert, immer höher zu steigen.

Als ich das erste Manuskript dieses Buches meinem Sohn zum Lesen gab, fragte er mich, weshalb ich das alles eigentlich veröffentlichen wolle.

Diese Frage konnte ich ihm damals nicht so recht beantworten. Ich sagte ihm, dass ich es einfach tun müsse, weil ich anderen damit vielleicht ebenso helfen könne.

Nachdem ich das Buch noch ein paar Mal überarbeitet, manches wieder gelöscht und manches hinzugefügt hatte, kenne ich jetzt die Antwort.

Dieses Buch ist in erster Linie ein Geschenk an mich selbst.

Das mag auf den ersten Blick ziemlich eigennützig klingen, schließlich werden ja nur die Menschen als wertvoll für die Gemeinschaft bezeichnet, die uneigennützig handeln und zuallerletzt an sich selbst denken.

Doch ist das wirklich wahr, habe ich damit anderen Menschen wirklich etwas zu geben?

Ich glaube nicht, denn wie das Wort „uneigennützig" schon sagt, nütze ich mir selbst nicht, so kann ich den Menschen nur vorleben, wie man sich opfert und unglücklich macht.

Die viel beschworene Selbstliebe bekommt damit eine neue Bedeutung, denn sie ist nichts anderes als Eigennutz und nur dadurch habe ich den Menschen wirklich etwas zu geben. Indem ich ihnen vorlebe, wie ich mich selbst glücklich machen kann, gebe ich ihnen Hilfe zur Selbsthilfe und mache ihnen damit das größte Geschenk, das man einem Menschen machen kann.

Das klingt sehr von sich selbst eingenommen, ist in Wahrheit jedoch vollkommen uneingenommen. Denn die Wahrheit ist, ich werde nicht länger von meinen Gedanken eingenommen, die mir erzählen, wie kannst du nur so egoistisch sein, sondern von meinem Herzen selbst, der Kraft in mir, mit der nichts mehr unmöglich ist.

Somit können gerade Egoismus und Eigennutz ungeahnte Kräfte in mir mobilisieren, sobald ich sie nicht länger aus meinem Leben verbanne oder gar verurteile.

Durch diese neue Erkenntnis ist es mir erst möglich, das Geschenk dieses Buches an mich selbst anzunehmen und danach zu leben. Nur so habe ich anderen wirklich etwas zu geben und muss mir mit meiner falschen Bescheidenheit nicht länger das Leben schwer machen.

Meine Überzeugung, ein Egoist zu sein, wenn ich glücklich wäre und meine Familie nicht, hielt mich viele Jahre davon ab, mein ganzes Potenzial zu leben, und damit von der Fähigkeit, mich selbst glücklich zu machen.

Genauso wie ich davon überzeugt bin, dass viele Menschen diesen Glaubenssatz in sich tragen, nicht glücklicher als ihre Herkunftsfamilie sein zu dürfen.

Diese starke Bindung, von der wir glauben, sie könne unsere Familie retten, ist in Wahrheit ein Gefängnis für beide Seiten, weil sie uns daran hindert, frei zu sein. Das kann nur dann geschehen, wenn wir einer Lüge folgen. Denn die Wahrheit ist, ich darf nicht nur glücklicher sein als meine Familie, sondern das ist sogar zwingend notwendig. Denn nur, wenn ich zuerst glücklich bin, kann es auch meine Familie sein und nicht umgekehrt.

Eine weitere wichtige Erkenntnis, die ich aus meinem Buch gewann, ist die Tatsache, dass meine Familie mir all die Jahre wie ein offenes Buch vor Augen gehalten hat, mit welchen stressigen Gedanken und Glaubenssätzen ich mir selbst das Leben oftmals zur Hölle machte.

Es war die ungeschminkte Wahrheit, die ich nicht sehen wollte, weil ich davon überzeugt war, meine Familie wolle mich nur verletzen.

Dieses Geschenk konnte und wollte ich aus diesem Grund nicht annehmen. Damit war ich der größten Lüge in meinem Leben zum Opfer gefallen und mit mir meine ganze Familie.

Dieses offene Buch möchte ich nun weitergeben in der Hoffnung, dass es so viele Menschen wie möglich erreicht, weil es die Wahrheit ist und ihnen dabei helfen kann, ihre eigene Wahrheit zu entdecken.

Damit kann ich auch alle Ängste und Zweifel loslassen, die mich während des Schreibens immer wieder überfielen und mich daran hindern wollten, mein Buch zu veröffentlichen.

Auch jetzt noch, nachdem ich es so gut wie fertiggestellt hatte, entdeckte ich zwischen den Zeilen stressige Gedanken, die ich überprüfen musste.

Trotz alledem erklärte ich mich bereit, denn ein Restrisiko gehört einfach zum Leben dazu, weil man vorher nie genau sagen kann, ob es gut geht oder nicht.

Jeder Mensch, der in seinem Leben Neues gewagt hatte, musste einfach über diese Hürde springen in unsicheres Terrain. Erst dieser Mut lässt uns wachsen, auch wenn wir nicht hundertprozentig sicher sein können, ob es gut geht.

Aus diesem Grund haben meine Ängste und Zweifel keine Chance mehr, die Veröffentlichung meines Buches zu verhindern. Jetzt ist seine Zeit reif, um auf die Welt zu kommen, und damit hat der stressige Gedanke „Die Zeit ist noch nicht reif" seine Kraft verloren, denn die Wahrheit ist: „Die Zeit ist reif für meine Idee."

Uns selbst als den wichtigsten Menschen in unserem Leben zu sehen, hat nichts mit Egoismus zu tun, wie wir es oft definieren, sondern mit Selbsterkenntnis unserer inneren Kraft. Denn erst diese ermöglicht uns, ganz wir selbst zu sein und unserer Fantasie Flügel zu verleihen.

Nur aus dem Grund fühlt sich unser Leben oftmals öde, leer und beschwerlich an, weil wir uns die Flügel unserer Fantasie selbst abschneiden, obwohl alles in uns auf Veränderung drängt, denn Leben bedeutet Veränderung und nichts anderes.

Stemmen wir uns dagegen, dann stellen wir uns auch gegen den Strom des Lebens und müssen unglaubliche Kraft aufwenden, um ihm standzuhalten.

Manchen gelingt das nicht und sie müssen untergehen, weil sie dieser Kraftanstrengung nicht länger gewachsen sind. Dabei bedarf es keinerlei Anstrengung, mit dem Strom des Lebens zu fließen, im Gegenteil, er trägt uns und verleiht uns wieder die „Flügel", die uns abhandengekommen sind.

Erst wenn wir aufhören, gegen das vermeintlich ungerechte Leben zu kämpfen, wird es zu unserem Verbündeten und bietet uns Möglichkeiten in Hülle und Fülle, weil wir dann erkennen, dass wir in der Fülle der Schöpfung leben.

Ob jemand nun an Gott glaubt oder nicht, das bleibt jedem selbst überlassen. Allein das Wissen, dass es eine Kraft gibt, die unser Leben lenkt, ist maßgebend und dass wir sie für uns nutzen.

Mir jedenfalls hilft die Vorstellung, dass Gott ein menschliches Wesen ist, zu dem ich mit all meinen Sorgen und Nöten kommen kann, der mir hilft, wenn ich einmal nicht weiterweiß.

Mit diesem Wissen kann ich auch mit einem weiteren stressigen Glaubenssatz abschließen, er lautet: „Das Leben ist kein Wunschkonzert", und ist ebenso eine Lüge.

Die Wahrheit ist, „das Leben ist ein Wunschkonzert", denn Gott liefert mir alles, was ich mir wünsche.

Wünsche ich mir ein glückliches, erfülltes Leben, dann bekomme ich es. Bin ich jedoch fest davon überzeugt, nur Pech im Leben zu haben, bekomme ich das laut meinem Glaubenssatz ebenso geliefert.

Diese Vorstellung ist für unseren Verstand kaum zu ertragen, denn wer wünscht sich schon, nur Pech zu haben? Und doch ist es so.

Das Problem an der ganzen Sache ist, dass unsere bewussten Wünsche mit unseren unbewussten Gedanken kollidieren. Halte ich an der Überzeugung fest, dass ich nur Pech im Leben habe, dann hat mein bewusstes Streben nach Glück keine Chance.

Erst wenn ich mir dies bewusst mache und mit allen stressigen Gedanken aufräume, die mir beweisen wollen, dass ich ein Pechvogel bin, können meine bewussten Wünsche Wirklichkeit werden, weil sie mich zu meinen Herzenswünschen führen.

Gott kennt meine Herzenswünsche genau, doch solange ich bewusst oder unbewusst von etwas anderem überzeugt bin, kann er nichts machen und muss mir das liefern, wovon ich fest überzeugt bin.

Deshalb ist das Leben ein Wunschkonzert, weil ich das bekomme, woran ich glaube.

Aus diesem Grund hat jeder Mensch einen Glauben, auch wenn er dies nicht wahrhaben will, und ihm steht frei, an das zu glauben, was er für richtig hält, auch wenn es ihn von Gott und damit auch von sich wegführt.

Davor kann ihn nicht einmal Gott bewahren, wie ich es bereits beschrieben habe.

Ich muss bereit sein, mit allen stressigen Überzeugungen aufzuräumen. Erst dann kann Gott alle Hebel in Bewegung setzen, um mir zu helfen, auch wenn es sich erst mal so anfühlt, als ob man durch die Hölle gehe.

Er kann mir das nicht ersparen, denn diese „Hölle" habe ich mir selbst erschaffen.

Dazu muss ich mir erst bewusst machen, dass ich mich in ihr befinde.

Diese Bewusstwerdung ist das, was so schmerzt, weil ich mich jahrelang betäubt hatte, um diesen Schmerz nicht zu spüren.

Deshalb kann auch nur ich da hindurchgehen, um sie wieder zu verlassen, um das Licht am Ende des Tunnels zu erblicken.

Aus diesem Grund kann ich mir noch eine Umkehrung verinnerlichen: „Mein Denken ist kein Wunschkonzert", und das ist für mich wahr. Denn mein altes Denken will in meinem Leben nur die erste Geige spielen und nichts anderes, alles soll sich ihm unterordnen, auch wenn ich ganz andere Wünsche und Bedürfnisse habe.

Nur wenn es mir gelingt, für diese Wahrheit mein Herz zu öffnen, werde ich mir bewusst, was Gott für uns alle bedeutet: „Leben" – und nichts anderes.

Für die Verneinung der Existenz Gottes sind in erster Linie die falschen Interpretationen mancher Bibelstellen verantwortlich.

So z. B. die Aufforderung: Wenn dich einer schlägt, halte ihm auch noch die andere Wange hin. Dies kann nur eine Aufforderung an mich sein, mich schlagen zu lassen.

Doch ist das nicht ein Frevel an mir selbst? So blöd kann doch gar keiner sein, sich freiwillig schlagen zu lassen.

Und doch tue ich es Tag für Tag, indem ich mich meinen stressigen Gedanken ergebe, die mir einreden: Du hast es nicht besser verdient.

So, wie auch ich als Kind förmlich um Schläge gebettelt habe vor lauter Angst, mein Zuhause zu verlieren. Vor körperlichen Schmerzen haben wir demnach nicht so viel Angst wie vor seelischer Pein.

Dahinter verbirgt sich der stressige Gedanke: „Ich soll mich geschlagen geben." Nichts anderes besagt dieser Bibelspruch und soll eine Aufforderung an mich sein, dies zu überprüfen, denn die Wahrheit ist: „Ich muss mich nicht geschlagen geben."

Erst dieser Gedanke befreit mich von diesem Irrsinn und lässt mich nicht länger in dem Glauben, Schläge verdient zu haben.

„Ich muss zurückschlagen", ist ebenso eine Umkehrung und bedeutet, dass ich mit der Wahrheit zurückschlagen soll, denn sie befreit mich von allen Gewalttätigkeiten mir selbst und anderen gegenüber.

Deshalb ist es genauso wahr, dass „ich zurückschlagen darf", weil Wahrheit die einzige Gewalttätigkeit ist, die mich und andere weiterbringt.

Auch die Bitte um Vergebung ist eine falsche Interpretation und lässt uns noch tiefer in Schuld versinken, anstatt uns davon zu befreien. Wie können wir dieses große Opfer annehmen, das Gott auf sich genommen hat, indem er seinen Sohn für uns opferte?

Damit kann doch keiner glücklich werden. Wer will schon, dass ein anderer für mein Glück sein eigenes Kind opfert?

Dieser Gedanke bewirkt nur eines, ich fühle mich noch schuldiger und noch unfähiger, um Vergebung zu bitten. Dieses „Leid", von dem wir glauben, es unserem Vater angetan zu haben, zeigt sich in dem stressigen Gedanken: „Ich habe meinem Vater großes Leid zugefügt", und ist eine Lüge.

Die Wahrheit ist, „ich habe mir selbst großes Leid zugefügt", indem ich diesem stressigen Gedanken folgte, denn Gott kennt kein Leid und keinen Schmerz. Er liebt bedingungslos, er verzeiht uns alles und will, dass wir es ebenso tun.

Doch das können wir nicht, weil wir unserem alten Denken folgen, das uns weismachen will, schuld an allem zu sein. Nur dieser Gedanke veranlasst uns dazu, wieder und wieder Dinge zu tun, die dafür sorgen, uns schuldig zu fühlen.

Aus diesem Dilemma hilft nur eines, ein neuer Gedanke und er lautet: „Ich habe mir unrecht getan und niemand anderem." Diese Erkenntnis ist der erste Schritt zur Wahrheit und sie lautet: „Ich habe mir recht getan."

Damit bin ich der einzige Mensch, den ich um Vergebung bitten muss und keinen anderen, alles andere hält mich in meiner Schuld gefangen.

Denn für Gott gibt es nichts, was er mir verzeihen müsste, weil er darauf gewartet hat, bis ich mir selbst vergeben kann.

Solange ich mir selbst nicht verzeihen kann, werde ich auch Gott oder einen anderen Menschen nicht darum bitten können, weil ich fest von meiner Schuld überzeugt bin.

Sobald ich mir dessen bewusst werde, kann ich der absoluten Wahrheit folgen: „Ich tue mir Recht." Damit bin ich in meiner Kraft und kann meinem Leben eine ganz andere Richtung geben, weil ich nicht länger glaube, an meinen Schuldgefühlen zerbrechen zu müssen.

Vergebung erfordert ein Schuldeingeständnis, ein Schuldeingeständnis erfordert wiederum Vergebung, ein verhängnisvoller Kreislauf, aus dem mir nur meine Bewusstwerdung hilft, dass es nichts gibt, was es zu vergeben gilt.

Alles, was in meinem Leben geschah, diente nur einem einzigen Zweck: der Wahrheitsfindung und dass ich sie erkenne. Wie kann ich da schuldig sein?

Die Wirklichkeit ist die einzige Wahrheit, die es gibt, denn Schuld ist lediglich die Interpretation unseres alten Denkens, das uns gefangen hält und damit verhindert, unsere Unschuld zu erkennen.

Doch die unabdingbare Voraussetzung für ein glückliches Leben ist das Erkennen unserer Unschuld. Solange wir sie nicht in uns und anderen sehen können, bleibt unser Leben eine Lüge und wird nicht wahrhaftig sein.

„Ich darf mir und anderen vergeben", dieser Gedanke führt mich von meinem alten Denken weg und zu einem neuen Denken hin.

Ein Denken, das die Umkehrung ist von dem, was ich bisher geglaubt habe, und mich somit weg von allen Lügen hin zur Wahrheit führt. Denn das, was ich bisher für die Wahrheit hielt, lautete: „Ich kann mir und anderen nicht vergeben", und war eine große Lüge in meinem Leben und ich glaube, nicht nur in mir.

Weitere Bibelzitate, von denen ich glaube, dass sie falsch interpretiert wurden, lauten: „Auge um Auge, Zahn um Zahn" und „Warum siehst du den Splitter im Auge deines Nächsten, doch den Balken in deinem Auge siehst du nicht" oder „Wie du mir, so ich dir".

Mit meiner Bereitschaft zur Vergebung kann ich jetzt erkennen, dass es mir nur um Vergeltung ging und die anderen genauso leiden sollten wie ich.

„Warum soll es den anderen besser gehen als mir?" Dieser stressige Gedanke steckt dahinter und lässt mich in meinem Leid verharren.

Erst mit der Umkehrung kann ich mich davon befreien, sie lautet: „Den anderen geht es besser als mir", weil sie nicht leiden wollen im Gegensatz zu mir.

„Uns geht es besser" – das ist die Wahrheit und lässt mich auch diese Bibelzitate richtig interpretieren. Sie bedeutet, dass es uns allen ohne unsere stressigen Gedanken und Glaubenssätze besser geht.

Ich kann den Balken in meinem Auge entfernen, mit dem ich die Wahrheit nicht sehen konnte, und sehe stattdessen „Wie ich mir so ich dir" und „Auge für Auge, Zahn für Zahn".

Dies bedeutet, dass ich jetzt mit meinen äußeren Augen meine inneren erkennen kann. Ich muss nicht länger „die Zähne zusammenzubeißen", um alles Leid ertragen zu können, sondern öffne mich für den Gedanken: „Mein Herz und mein Verstand müssen sich zusammenbeißen."

Ebenso bedeutet es, das ich mir jeden „Zahn" ziehen lassen und mit jedem stressigen Gedanken aufräumen soll, der mir Schmerz und Leid bringt, und ebenso jedes Auge öffnen soll, um die Wahrheit zu erkennen.

So kann ich das Gesetz der Resonanz für mich wahrhaftig nutzen, denn dann kann zu mir zurückkommen, was ich aussende und auch bewusst will.

Viele Menschen nehmen alles für bare Münze, was in der Bibel steht, und erkennen nicht, welche Botschaft sich in Wahrheit dahinter verbirgt. Sie folgen stattdessen dem stressigen Gedanken: „Ich muss alles glauben, was in der Bibel steht", und erleben Leid und Schmerz, weil sie damit einer Lüge Glauben schenken, indem sie die biblischen Worte falsch interpretieren oder nicht richtig verstehen.

Auch der Bibelspruch „Einer trage des anderen Last" wird falsch interpretiert und sorgt in unserem Inneren für Widerstand.

Ich habe schon genug Lasten zu schleppen und soll mir auch noch die Bürde eines anderen aufladen? Ist das wirklich wahr? Verlangt Gott das wirklich von mir?

Ich glaube, auch hier ist die Wahrheit eine andere, sie lautet: „Gott trägt unsere Last", sobald wir bereit dazu sind und uns nicht länger alles aufbürden lassen.

Denn nichts anderes hatte ich getan, als mir in der Christenlehre gelehrt wurde, dass nur der Mensch belohnt werde, der sich für andere aufopfert und seine Wünsche und Bedürfnisse ganz hintanstellt.

Aus Angst um meine Familie und in der Hoffnung auf Belohnung wollte ich das auch tun und erklärte mich daraufhin bereit, alle Lasten meiner Familie zu tragen.

Was dabei herauskam, habe ich hoffentlich verständlich genug beschrieben.

Auch die Umkehrung „Einer trage des anderen Leichtigkeit" ist die Wahrheit und bedeutet, dass das Leben keine Last, sondern leicht und fröhlich sein soll.

Wie konnte ich mit dem ursprünglichen, stressigen Gedanken das Leben als solches wahrnehmen, wenn ich davon ausging, auch des anderen Last tragen zu müssen?

Das ist einfach unmöglich und auch der Grund, warum viele Menschen von der Existenz Gottes nichts wissen wollen – mit Recht, weil sie damit einer Lüge folgen würden.

Gott verlangt dies von niemandem, diese Bürde laden sich die Menschen selber auf, denn er will das ganze Gegenteil.

„Gott trägt unsere Last." Es ist das, was er will, weil wir ein leichtes und fröhliches Leben haben sollen.

Vielen gelingt das nicht, sie hadern stattdessen mit dem Leben, weil sie sich viele Lasten freiwillig aufgebürdet haben und glauben, dies einem anderen schuldig zu sein.

Doch damit folgen sie einer Lüge, denn die Wahrheit ist: „Jeder trage seine eigene Last." Damit hat jeder genug zu tragen, weil auch nur er die Kraft hat, sich von ihr zu befreien.

Durch diese falschen Interpretationen der Bibel fühlen sich viele unfähig, den mahnenden Worten zu folgen und sie in ihr Leben zu integrieren. Sie müssen zwangsläufig der Überzeugung folgen, die Welt werde immer unmenschlicher.

Aber das wird sie nicht, denn mit unserer Bewusstwerdung wird sie endlich menschlicher.

Aus diesen festgefahrenen Überzeugungen hilft nur eines: „Ich muss der Wirklichkeit glauben" und „Jeder befreit sich von seiner eigenen Last" und von nichts anderem.

Doch es gibt noch einen neuen Gedanken, er lautet: „Ich will alles glauben, was mein Herz mir sagt", und ist für mich wahr, denn erst mit ihm werde ich zu einem wahrhaft gläubigen Menschen, der nicht länger allem blindlings folgt, was man ihm erzählt, sondern seinem Herzen, der mächtigsten Kraft in seinem Leben.

Damit bekommt die Aussage „Ich muss mich bekehren lassen" eine neue Bedeutung.

Denn die Sätze „Ich darf mich bekehren lassen" und „Ich will mich bekehren lassen" führen mich zur Wahrheit und zu nichts anderem.

Mich hat es Überwindung gekostet, über dieses Thema zu schreiben, denn ich weiß, dass viele Menschen die Existenz Gottes als reine Spinnerei abtun.

Doch ich kann nicht so ohne Weiteres darüber hinweggehen, ohne Gott dabei ins Spiel zu bringen, weil ich weiß, dass Gott in uns allen ist und nur er die Macht hat, uns in das Leben zu führen, von dem wir schon immer geträumt haben, sobald wir ihm die Erlaubnis dazu geben.

Das bedeutet auch, dass es nur einen einzigen Menschen gibt, dem ich beweisen muss, dass ich etwas „drauf habe", und zwar mir selbst. Es gibt nichts, was ich an mir verändern müsste, weil ich mir damit wieder erlaube, so zu sein, wie ich in Wirklichkeit bin.

Deshalb entziehe ich meinem alten Denken die Erlaubnis, in meinem Leben die erste Geige zu spielen, und übertrage diese Erlaubnis meinem Herzen, der Kraft in meinem Leben, mit der nichts mehr unmöglich ist.

Damit habe ich auch keinerlei Ausreden mehr, um das Leben zu führen, von dem ich schon immer geträumt habe. Die Wirklichkeit ist damit nicht zu Ende und wird es niemals sein, aus dem einfachen Grund, weil es eine unendliche Geschichte ist, die ich mir immer wieder neu erzählen kann und die damit nichts von ihrer Faszination für mich verliert.

„Mein Buch ist für mich das Normalste von der Welt" – mit diesem stressigen Gedanken möchte ich ebenso abschließen. Denn die Umkehrung lautet: „Mein Buch ist für andere nicht das Normalste von der Welt."

Indem ich mir verinnerliche, dass es heutzutage ganz normal ist, einer allgemeinen Überzeugung zu folgen, alles als unverrückbar und gegeben anzusehen, nehme ich mir die Freiheit zu behaupten, dass mein Buch für andere nicht normal, sondern sogar ziemlich verrückt sein muss.

„Mein Buch ist für andere das Verrückteste von der Welt", das ist die Wahrheit und bedeutet, dass man schon eine gewisse Portion Verrücktheit braucht, um im Leben vorwärtszukommen, um seine eigene Wahrheit zu finden.

Ein Mensch, der nur darauf bedacht ist, nicht anzuecken, und nur etwas macht, weil alle anderen es genauso machen oder von einem erwarten, der wird auf seiner Freiheit sitzen bleiben und daran gehindert, frei zu sein. Aus dem einfachen Grund, weil die Freiheit der anderen nicht seine Freiheit ist.

Deshalb kann ich mit gutem Gewissen für mich behaupten, dass „mein Buch für mich nicht das Normalste von der Welt ist", und dass dies gut so ist.

„Ich drehe es immer so, wie ich es brauche", diese Worte meines Mannes hörte ich schon oft von ihm und sie machten mich jedes Mal total wütend, weil er mir nicht glauben und mir unterstellen wollte, dass ich log.

Doch er sagte die Wahrheit, wie ich jetzt erkennen kann. Denn der stressige Gedanke, den ich in mir trug, lautete: „Ich kann es nicht so drehen, wie ich es will."

Deshalb also meine Wut auf mich selbst und auf meine Unfähigkeit, mein Leben so zu leben, wie ich es brauchte.

„Ich drehe es so, wie ich es will" – mit dieser Umkehrung muss ich mich nicht länger für unfähig halten, mein Leben so zu leben, wie ich es will und wie es mich glücklich macht.

„Ich mach mir die Welt, wie sie mir gefällt." Wer kennt nicht dieses Lied von Pippi Langstrumpf? Auch ich las ihre Bücher und beneidete sie im Stillen, weil ich mich nur mit Schuldgefühlen getraute, das zu tun, was ich gerne tat, denn schließlich musste ich darauf hören, was andere sagten.

Doch ist das auch wahr, muss ich das wirklich, immer nur auf andere hören, darf ich mir meine Welt nicht so machen, wie sie mir gefällt?

Ein stressiger Gedanke war dafür verantwortlich, er lautet: „Ich darf mir die Welt nicht machen, wie sie mir gefällt", und er ist eine Lüge.

Wer außer mir soll mir denn die Welt so machen, wie sie mir gefällt? Dies kann kein einziger Mensch, aus dem einfachen Grund, weil keiner weiß, was mir gefällt.

Doch dem muss ich nicht länger folgen, denn die Wahrheit ist: „Ich kann darauf pfeifen, was andere sagen."

Mit diesem neuen Gedanken erlaube ich mir jetzt selbst, die Welt so zu machen, wie sie mir gefällt, und nicht länger „nach der Pfeife anderer Leute zu tanzen".

Ebenso überzeugt bin ich davon, dass die Leistungen eines Kindes, die es während der Schulzeit erbringt, vollkommen überbewertet werden. Viele Menschen, die in der Schule total versagt haben, sind im späteren Leben unglaublich erfolgreich. Aus diesem Grund glaube ich, dass es einzig und allein die Ängste der Eltern sind, die ihre Kinder so unter Druck setzen, und nicht die Schule oder die Lehrer.

Sie müssen den stressigen Gedanken in sich tragen: „Ich muss mir Sorgen um die Zukunft meines Kindes machen." Das bedeutet, dass ich glaube, nur mit guten Noten in der Schule würde mein Kind erfolgreich sein Leben meistern.

Das jedoch ist eine Lüge, denn die Wahrheit lautet: „Ich muss mir Sorgen um meine Zukunft machen."

Die Sorge um mein Kind lässt mich nicht vertrauensvoll in die Zukunft blicken, denn sie vernebelt meinen Blick für die Fähigkeiten meines Kindes und gibt meiner Angst damit neuen Auftrieb.

Mit diesen Befürchtungen bin ich diejenige, die ihr Leben nicht erfolgreich meistern kann. Damit muss ich mir also Sorgen um meine Angst machen und nicht um mein Kind.

Das Einzige, was ich damit erreiche, ist Stress pur für mich und mein Kind, denn schließlich muss mein Kind mir meine eigenen Ängste widerspiegeln. Für seine natürlichen Begabungen und Anlagen ist da kein Platz mehr.

„Ich muss mir keine Sorgen um die Zukunft meines Kindes machen", dies ist die Wahrheit, weil Angst nur von der Zukunft lebt, wie ich es bereits beschrieben habe, und ich ohne diese Sorgen mich und mein Kind entlasten kann, anstatt ihm immer mehr Druck zu machen.

„Ich darf Vertrauen in die Fähigkeiten meines Kindes haben", damit kann ich das Beste für mein Kind tun, denn dann findet es von allein zu seinen Fähigkeiten und Begabungen.

Dies soll nun nicht heißen, dass man alles einfach so laufen lassen und sich nicht mehr um die schulischen Belange seines Kindes kümmern soll. Ein Kind braucht Anleitung, Ansporn und sanften Druck, um in die Richtung geschoben zu werden, wo es hin will. Doch was es nicht braucht, ist der Druck, der meinen eigenen Ängsten entspringt.

Damit können wir eine weitere Lüge unseres alten Denkens entlarven: „Der Druck in der Schule wird immer größer." Dies ist deshalb falsch, weil nicht der Druck in der Schule immer größer wird, sondern der Druck, den wir uns selbst machen.

Die Schule muss uns das lediglich widerspiegeln, es ist der Leistungsdruck, der auf unserer ganzen Gesellschaft ruht.

„Der Druck auf den Menschen wird immer größer", ist ein weiterer stressiger Gedanke, denn noch nie war der Druck größer, unseren erworbenen Reichtum schützen zu müssen, denn die Angst vor sozialem Absturz sitzt in uns allen.

Doch ist das auch wahr, droht uns wirklich der soziale Abstieg, müssen wir uns deshalb tatsächlich so unter Druck setzen?

Die Antwort lautet: Nein, das müssen wir nicht. Denn die Wahrheit ist: „Der Druck auf unser altes Denken wird immer größer."

Dies bedeutet, dass der Druck auf unser altes Denken immer größer wird, weil es eine Lüge ist und keine Lüge so viel Kraft besitzt, um sich dauerhaft am Leben zu erhalten.

So, wie die Macht der Wahrheit die Mauer fallen ließ, so wird auch diese Lüge fallen und damit wird der Druck auf den

Menschen immer weniger werden. Damit wird sich auch automatisch der Druck in der Schule verringern, weil der Druck und die Ängste der Eltern nachlassen.

Während ich diese Zeilen schreibe, sitze ich in unserem Garten. Es ist ein herrlicher Sommertag mit strahlend blauem Himmel. Ein Düsenflieger dröhnt mit ohrenbetäubendem Lärm über uns hinweg.

Mit gemischten Gefühlen sehe ich ihm nach. Was für ein Wunderwerk die Menschen da vollbracht haben, war mein erster Gedanke. Doch der nächste Gedanke war weniger anerkennend, er machte mir klar, dass diese Technik den Menschen im Krieg Tod und Verderben brachte.

Er machte mir ebenso deutlich, zu welchen Leistungen Menschen fähig sind, die wir uns mit unserem Verstand oftmals kaum vorstellen können.

Manch einer mag jetzt einwerfen, das alles seien kluge Köpfe, mit schlechten Noten in der Schule wäre das nie zu machen gewesen. Das ist wahr, Wissen gehört dazu, doch mit Wissen allein kann ich kein Flugzeug bauen.

Was es braucht, ist Leidenschaft für ein Projekt, etwas, wofür ich brenne. Dann sorge ich ganz automatisch dafür, dass ich mir dieses Wissen auch aneigne, um es zu realisieren.

Dann „fällt mir alles von allein in den Schoß" und ich empfinde Lernen nicht länger als eine Last, sondern als einen „Düsenantrieb", der mich antreibt.

Mit dem stressigen Gedanken „Von allein fällt mir nichts in den Schoß" kann ich diese Kraft nicht nutzen und muss mich zeitlebens mit mäßigem Erfolg begnügen.

Doch ebenso klar wird mir, dass ein Mensch etwas Großes leisten kann und es dennoch nicht zu einem guten Zweck verwendet, sondern mit seiner Erfindung Tod und Verderben bringen kann.

„Wir müssen uns verteidigen", lautet der stressige Gedanke, der dahintersteht. Doch ist das auch wahr, müssen wir das wirklich?

Ich glaube nicht, denn die Wahrheit ist: „Wir müssen uns schützen", und bedeutet, dass wir uns vor unseren stressigen Gedanken schützen müssen, die uns einreden wollen, dass wir von anderen bedroht werden. Dann erfahren wir auch, dass „wir uns verbinden dürfen", um damit jeglichen feindlichen Angriffen ihre Kraft zu nehmen, und uns nicht bis an die Zähne bewaffnen müssen, um den Frieden aufrechterhalten zu können.

Doch genauso wenig liegt mir daran, meine Wahrheit, die ich für mich gefunden habe, anderen aufzuzwingen und als allgemeingültig zu erklären, denn jeder darf und muss seinen eigenen Weg finden.

Keiner muss auch nur ein Wort von dem glauben, worüber ich geschrieben habe, aus dem einfachen Grund, weil es mein Weg ist.

Ebenso will ich kein Vorreiter sein, weil man auch einem Vorreiter blind folgen muss, sondern ein Wegweiser auf Ihrem ganz persönlichen Weg und nichts anderes.

„Ich muss glaubhaft sein" und „Ich muss wahrhaftig sein" – mit diesen stressigen Gedanken kann ich jetzt ebenso abschließen und einem neuen folgen: „Ich darf wahrhaftig sein." Denn nur mit dieser Überzeugung habe ich anderen etwas zu geben und kann glaubhaft sein. Damit erlaube ich mir selbst: „Ich darf glaubhaft sein", denn müssen und dürfen schließen sich gegenseitig aus. Ob ich etwas selber will oder muss ist ein himmelweiter Unterschied, denn wie ich schon beschrieben habe, ist jeder Druck, den ich mache, für mich kontraproduktiv.

„Ich muss nicht glaubhaft und nicht wahrhaftig sein", mit dieser Umkehrung nehme ich jeden Druck von mir, der mich in meiner Angst gefangen hält, zu versagen. Erst dann kann ich auch glaubhaft sein, weil es die Wahrheit ist. Denn wie kann ich glaubhaft sein, wenn ich davon schreibe, dass jeder Druck, den ich mache, kontraproduktiv ist, und gleichzeitig auf mich selbst Druck ausübe?

In diesem Sinne kann ich nur glaubhaft und wahrhaftig sein, wenn ich zuerst selbst das befolge, worüber ich geschrieben habe.

Ohne diesen Druck, etwas zu müssen, eröffnen sich uns ungeahnte Möglichkeiten, mit denen wir quasi ohne Netz und doppelten Boden wieder das Fliegen lernen können, denn dann tragen uns unsere Träume dahin, wo wir schon immer hin wollten.

Damit können wir uns ebenso von einem weiteren, stressigen Gedanken verabschieden, er lautet: „Ich habe Angst vor dem Fliegen", weil er eine Lüge ist.

Die Wahrheit ist: „Ich habe Angst vor dem Absturz", und bedeutet, dass wir uns gar nicht erst in die Höhe schwingen wollen, weil wir glauben, unten wären wir sicherer.

Doch ist das auch wahr, droht uns von unten keinerlei Gefahr? Sind wir da wirklich sicher?

Ich glaube nicht, dass es so ist, denn die wirklichen Gefahren lauern ganz woanders, nämlich in uns selbst. Es sind unsere stressigen Gedanken, die uns Angst vor der Höhe machen. Da können wir sein, wo wir wollen, denn „die Angst sitzt uns im Nacken".

Erst mit der Umkehrung können wir uns von der Höhenangst befreien, denn „die Furchtlosigkeit fliegt mit uns" und das ist die Wahrheit. Mit ihr können wir immer höher fliegen, ohne Angst vor dem Absturz zu haben, und sie sorgt auch dafür, dass wir wieder sicher landen werden.

In diesem Sinne ist mein größter Wunsch, den ich mit meinem Buch verbinde, mit ihm der Wahrheit ein Stück näher gekommen zu sein, weil ich sie zu meiner Herzenssache gemacht habe.

Alles, was es braucht, um sie zu erkennen, ist die Bereitschaft, das infrage zu stellen, wovon ich bisher fest überzeugt war.

Mit der Wahrheit habe ich das Steuer meines Lebens wieder in der Hand und kann es dahin steuern, wo ich hin will – in ein glückliches, erfülltes Leben.

Letztendlich gelange ich zu der Überzeugung, dass Redewendungen, die teilweise schon seit Hunderten von Jahren ohne Überprüfung von einer Generation zur nächsten weitergegeben wurden, für Fehlinterpretationen verantwortlich sind.

Das, was alle sagen, kann nur richtig sein, eine andere Wahrheit gibt es nicht.

Wir folgen der Masse und machen uns damit zu unmündigen Wesen. Doch das sind wir nicht, denn jeder ist so individuell wie einzigartig. Deshalb dürfen wir uns nicht nur von der Masse abheben, sondern das ist sogar dringend nötig, um unseren eigenen

Weg zu finden, unseren ganz persönlichen Weg, den Gott für uns vorgezeichnet hat.

Auch wenn uns dieser Gedanke zunächst Angst macht, dass es jemanden geben soll, der über unser Leben verfügen kann. Erst die Überwindung dieser Angst, die niemand außer uns selbst uns nehmen kann, macht uns frei für diesen Weg.

Den stressigen Gedanken „Ich fürchte mich vor Gottes Hilfe" gilt es loszulassen und sich zu verinnerlichen, „Ich fürchte mich nicht vor Gottes Hilfe", weil sie mich in meinem Leben vorwärtsbringt, dahin, wo ich schon immer sein wollte, ganz bei mir.

Aus diesem Grund bin ich auch davon überzeugt, dass wir alle noch einen extrem stressigen Gedanken in uns tragen, er lautet: „Ich fürchte mich vor Gottes Strafe." Dieser Gedanke ist vor allem denjenigen am wenigsten bewusst, die von der Existenz Gottes nicht überzeugt sind und seine Existenz als reinen Aberglauben abtun.

Doch die Wahrheit ist, fast ein jeder muss ihn in sich tragen, weil seit Jahrhunderten den Menschen gepredigt wurde, Gottes Strafe fürchten zu müssen.

Auch die Gedanken „Ich fürchte mich vor Gottes Liebe" und „So viel Liebe habe ich nicht verdient" sind stressig, einfach deshalb, weil wir von unserer Schuld fest überzeugt sind und eine gerechte Strafe erwarten. Niemals rechnen wir damit, dass es jemanden geben könnte, der uns unsere Schuld vergibt. So viel Liebe glauben wir nicht zu verdienen.

Und doch ist es so, denn ich brauche Gottes Liebe nicht zu fürchten, weil Gott uns unsere Furcht nehmen will. Wir jedoch flüchten vor der Wahrheit und entfernen uns damit immer weiter von ihm. Denn das, was er nicht will und kann, ist, uns seine Liebe aufzuzwingen. Aus diesem Grund kann er nichts gegen unseren Willen tun.

Nur wir allein haben die Macht, uns zu erlauben: „Ich darf Gottes Liebe empfangen", und können endlich damit aufhören, vor ihm und uns selbst davonzulaufen.

Damit muss ich auch nicht länger dem Glaubenssatz folgen, der lautet: „Ich habe noch eine Rechnung offen", sondern kann mir einen neuen Gedanken verinnerlichen: „Gott hat noch eine Rechnung offen." Seine Rechnung besteht darin, mir zur Seite zu stehen, wenn ich seine Hilfe brauche, die er jedoch nicht begleichen konnte, weil ich sie nicht wollte.

Dazu gibt es noch eine Umkehrung. „Gott kann seine Rechnung begleichen." Mit meiner Erlaubnis kann er das jetzt, denn dazu ist er da.

Mit dieser Umkehrung musste ich mich erst anfreunden, denn wie kann Gott noch irgendeine Rechnung bei mir offen haben, so perfekt, wie er ist? Und doch ist es so, einfach deshalb, weil er alle Schulden für mich bezahlen, jede offene Rechnung für mich begleichen will, denn dazu ist er da.

Meine Rechnung, die ich noch offen habe, lautet: „Ich muss perfekt sein." Doch auch diese übernimmt Gott für mich, indem er sie überschreibt mit der Aussage: „Ich muss nicht perfekt sein", denn dieses Recht beansprucht er für sich allein.

Meine Perfektion besteht lediglich darin, dass ich mir erlaube, nicht immer perfekt sein zu können und zu wollen.

Somit hat weder Gott noch ich irgendeine Rechnung offen und ich kann ohne Schulden ein neues Kapitel meines Lebens aufschlagen, ein Leben ohne meine stressigen Gedanken. Denn nichts anderes war mein Leben mit ihnen – vollkommen überschuldet.

Ich habe Schulden über Schulden gemacht, damit einen „Kredit" nach dem anderen aufgenommen und wusste nicht, wie ich sie alle jemals zurückzahlen sollte.

Doch das muss ich nicht, denn Gott zahlt für mich mit seiner bedingungslosen Liebe zu mir. Damit bin ich schuldenfrei und muss nicht länger der Überzeugung folgen: „Ich muss für alle meine Schulden geradestehen" und „Ich kann doch nicht einen anderen für meine Schulden bezahlen lassen."

Denn die Wahrheit ist, „Gott bezahlt für alle meine Schulden." Damit überlasse ich Gott das letzte Wort, er zahlt für mich alles.

Ebenso weiß ich jetzt, dass ich meine Belohnung bekommen habe.

Doch nicht, indem ich brav das tat, was andere von mir erwarteten, sondern indem ich das tat, was mein Herz mir sagte.

Damit bekam ich die größte Belohnung, die ein Mensch bekommen kann. Ich darf wieder zu hundert Prozent ich selbst sein, weil ich umkehrte, um schließlich wieder vorwärtsgehen zu können.

„Suchet und ihr werdet finden", diesem stressigen Gedanken bin ich gefolgt, obwohl ich nicht wusste, wo ich anfangen sollte.

Dem muss ich nun nicht länger folgen, denn: „Ich habe gesucht und ich habe gefunden" – mich selbst.

Die Autorin

Karin Klein wurde 1950 in Kahla geboren. 1969 erfüllte sie sich einen großen Traum: Sie fuhr zur See. Dieser Traum wurde jedoch schneller beendet, als ihr lieb war, und dennoch war es das Beste, was ihr passieren konnte. Später arbeitete sie als Kellnerin in Rostock, in einer Drogerie und lange Zeit in einem Porzellanwerk. Mittlerweile ist sie im Ruhestand, leidenschaftliche Gärtnerin und hat zu ihrer Berufung, dem Schreiben, gefunden. „… immer diese Gedanken" ist ihr erstes Buch.

Der Verlag

> *Wer aufhört besser zu werden, hat aufgehört gut zu sein!*

Basierend auf diesem Motto ist es dem novum Verlag ein Anliegen neue Manuskripte aufzuspüren, zu veröffentlichen und deren Autoren langfristig zu fördern. Mittlerweile gilt der 1997 gegründete und mehrfach prämierte Verlag als Spezialist für Neuautoren in Deutschland, Österreich und der Schweiz.

Für jedes neue Manuskript wird innerhalb weniger Wochen eine kostenfreie, unverbindliche Lektorats-Prüfung erstellt.

Weitere Informationen zum Verlag und seinen Büchern finden Sie im Internet unter:

www.novumverlag.com